Imprimé par Amazon.

AVANT-PROPOS – A LA MAISON, AU BUREAU OU DANS LA VIE COURANTE, TOUT EST UNE QUESTION DE NEGOCIATION

Mon nom est Chris Fisher. Bien que d'origine anglaise, j'ai passé la plus grande partie de ma vie en France, à Paris. J'ai aujourd'hui 48 ans et je suis marié depuis 21 ans avec deux merveilleux enfants de dix-sept et quatorze ans.

Je viens d'une famille simple : mon père était ouvrier et ma mère a dédié sa vie à ses enfants. Nous sommes une fratrie de trois et avons grandi heureux, avec beaucoup d'amour de la part de nos parents.

Mes parents furent amenés à travailler jeunes et avaient donc transféré sur nous leurs rêves non réalisés : Ils voulaient à tout prix que nous fassions des études supérieures. C'est ainsi que je me suis dirigé vers le domaine de la Finance. En effet, j'ai développé depuis le plus jeune âge une passion pour les chiffres et pour les « super affaires » comme j'avais l'habitude de dire à cette époque !

Après avoir finalisé mes études, j'ai eu l'opportunité d'intégrer le département Fusion et Acquisition d'un grand groupe américain et baigner dans un environnement propice pour développer et consolider mes compétences en tant que négociateur professionnel. J'ai énormément appris pendant cette période et c'est ainsi que je suis devenu un maître négociateur, et ce, notamment par passion.

J'ai rapidement été captivé par les enjeux de la négociation et par combien le résultat de ces négociations pouvait, dans certains cas, avoir un impact engendrant un changement de cap dans la vie des personnes. C'est pour ces raisons que j'ai souhaité enrichir mes connaissances dans ce domaine. Progressivement, j'ai gagné de la reconnaissance, de nombreuses personnes ont fait appel à moi et m'ont engagées pour négocier en leur nom.

En effet, plusieurs années après avoir rejoint ce groupe américain, j'ai été confronté à une expérience qui a changé ma vie. Un organisme de bienfaisance m'a contacté pour que je négocie un don. J'ai accepté ce défi et j'ai réussi à obtenir une somme considérable. Cette expérience m'a fait prendre conscience que je pouvais utiliser mes compétences pour faire une différence dans la vie de nombreuses personnes et c'est dans cet objectif que j'ai décidé d'écrire ce livre. J'aimerais partager mes expériences et ce qui a fait de moi l'homme que je suis devenu.

Comme vous le savez, un négociateur efficace est une personne dotée d'un esprit curieux. Sur la base des connaissances et de l'expérience acquises, il déduit les bonnes pratiques valables pour lui-même.

Les connaissances théoriques que j'ai reçues sur le banc de l'école m'ont donné une idée de la réalité environnante. Cependant, elles apparaissent souvent, pour ainsi dire, sous une forme trop soignée, retouchée. Dans la théorie, il y a toujours des exemples idéalistes de la façon dont cela fonctionne dans la pratique. Face à une situation réelle, j'ai vite compris que le monde qui m'entoure ne perçoit et ne reconnaît pas toujours les leçons théoriques apprises à l'école.

Comment négocier pour obtenir ce que l'on veut ? C'est la question que je me suis posée pendant longtemps et à laquelle je compte répondre tout au long de ce livre. Il existe plusieurs styles de négociation et celui qui vous conviendra dépendra grandement de vos traits de personnalité et de la manière dont chacun s'est construit.

En effet, dans chaque famille, il existe toujours une personne qui est considérée comme « le négociateur de la famille ». Dans la mienne, cette personne était mon grand-père maternel. Il était célèbre pour avoir développé de nombreuses qualités, mais sa capacité à persuader n'importe qui, pour ainsi dire, était un de ses traits les plus caractéristiques. Il s'agissait d'une personne confiante, tenace, compétitive, déterminée et économe. Depuis mon plus jeune âge, j'ai toujours été surpris d'entendre des histoires à son sujet et je me demandais pourquoi je n'avais pas hérité cette qualité de mon grand-père. A cette époque, je n'avais rien d'un bon négociateur mais ma capacité à observer et à écouter ses conseils ont beaucoup contribué à ma maitrise progressive de l'art de la négociation.

Pour ceux d'entre vous qui n'avez pas participé à un processus de négociation, celui-ci peut paraître difficile. En effet, je peux avoir une idée claire de ce que je veux mais, parfois, au lieu de rester ferme, je commence à trop me soucier des sentiments de l'autre personne et à vouloir anticiper ses réactions comme par exemple, la crainte que mon interlocuteur abandonne la négociation et quitte la salle.

Il existe donc une série de compétences à comprendre et à développer afin de mener à bien une négociation. Ces compétences ne peuvent être négligées car les négociations sont une partie importante de la vie professionnelle et personnelle. Effet, nous sommes en constante négociation avec nos enfants, notre conjoint, notre chef, et toutes les personnes qui nous entourent. Le fait de ne pas les maitriser peut nous jouer de mauvaises passes ! Pour vous donner un exemple, alors que je venais de fêter mes vingt-cinq ans et après ma première année d'expérience professionnelle, je décidais de me lancer dans l'investissement immobilier et d'acquérir mon premier appartement. L'enjeu était important car, comme vous le savez, un investissement immobilier suppose un engagement contractuel qui a un impact significatif sur vos finances, et ce, sur un horizon à long terme.

Ce que je ne savais pas au moment où je me suis lancé dans cet achat immobilier, c'était que le processus de négociation était un élément clé à maitriser pour réussir cet investissement. En effet, autant le prix d'achat comme les conditions financières sont deux des aspects fondamentaux à négocier afin d'optimiser la rentabilité de ce genre d'investissement.

Autant vous dire que si j'avais eu à ce moment-là toutes les connaissances que j'ai acquise pendant toutes mes années d'expérience, je n'aurais pas commis les erreurs que j'ai faite, comme par exemple, acheter mon bien à un prix trop élevé, mal négocier les conditions de mon prêt immobilier et ne pas revendiquer à mon banquier quels étaient mes intérêts.

Pour vous donner plus de détails sur cette première opération, j'avais besoin d'effectuer certains travaux sur le bien avant de pouvoir le mettre en location. Cependant, je n'ai pas su négocier des conditions financières pouvant s'adapter à mes besoins. Je gagnais à l'époque un salaire me permettant de vivre correctement mais ayant une capacité d'épargne réduite. C'est pour cela que je souhaitais le louer afin que le bien puisse s'autofinancer. Mon objectif était donc de générer un flux de trésorerie positif. Cependant, la première année de travaux a été compliquée car je devais rembourser mon prêt immobilier sans pour autant recevoir de revenu locatif. Aucune carence sur le remboursement de mon prêt n'avait été accepté. Un ensemble de leçons que j'ai bien retenues depuis.

Mes différentes expériences en négociation, que ce soit dans le domaine professionnel, dans le domaine caritatif ou bien dans la sphère personnelle ont éveillé ma curiosité et cela m'a poussé à investir dans de la formation et des livres autour de la négociation. Je continuais également à échanger avec mon grand-père sur ces sujets et je mettais en pratique ses différents conseils et stratégies afin de réussir mes négociations. Tout ceci m'a permis de progressivement évoluer au sein de mon entreprise et, soit dit au passage, d'être toujours aussi heureux dans mon couple après vingt ans de mariage ! Ma capacité à négocier n'y a pas été pour rien : elle a été un vrai avantage.

Tout au long de ce livre, je souhaite partager avec vous les éléments clés de mes succès en négociation et tout ce que vous devez savoir pour les réussir afin que vous puissiez en bénéficier et éviter les erreurs que j'ai moi-même commises. J'espère qu'elles vous seront utiles autant si vous êtes un négociateur débutant comme si vous êtes plus expérimenté.

PARTIE 1 : CE QUE TOUT NEGOCIATEUR DEVRAIT SAVOIR

Tout d'abord, permettez-moi de vous raconter l'histoire de deux êtres fabuleux que j'ai rencontrés aux Etats-Unis pendant un séjour d'affaire.

A la création de leur entreprise, lorsque John et Jane étaient les seuls employés, ils devaient souvent négocier entre eux pour prendre certaines décisions. Ce n'était pas toujours facile, mais ils trouvaient généralement un moyen de parvenir à un accord équitable. Au fil du temps, ils ont appris l'importance de la communication et du compromis afin de maintenir une bonne relation de travail.

Au fur et à mesure que l'entreprise grandissait et qu'ils embauchaient plus de personnes, John et Jane ont constaté qu'ils n'étaient pas les seuls à devoir mener des négociations. Il y avait souvent des désaccords entre les employés, mais John et Jane ont toujours réussi à les résoudre. Ils ont réalisé que la négociation était une compétence importante à avoir dans n'importe quel environnement de travail et que cela contribuait souvent à apaiser les tensions et éviter les situations conflictuelles.

Maintenant, John et Jane sont les propriétaires d'une entreprise prospère. La négociation est toujours présente dans leur quotidien, quelle que soit la forme sous laquelle elle se présente. Ils ont appris qu'il est toujours préférable de bien communiquer, de négocier et de faire des compromis plutôt que de laisser un désaccord se transformer en conflit.

John et Jane ont compris ce que c'est que mener une bonne négociation et pourquoi toute personne devrait travailler sur le développement de cette compétence tout au long de sa vie. Passons au concret, et développons dans cette partie, ce que tout négociateur devrait savoir

Chapitre 1.1 : La négociation, qu'est-ce que c'est ?

Avant tout, vous devez comprendre ce qu'est une négociation.

La négociation peut être définie comme un processus d'interactions et d'interconnexions de personnes qui se caractérise par l'échange d'informations afin d'arriver à un accord. Ce processus implique la réalisation d'objectifs spécifiques, la résolution de certains problèmes et la mise en œuvre de plans.

De façon classique, la négociation peut faire appel à deux biais de communication : la communication directe, c'est-à-dire le contact direct entre les personnes, et la communication indirecte, qui se distingue par la présence d'une distance spatio-temporelle entre les deux parties. En règle générale, la négociation directe présente un taux d'efficacité plus élevé, car elle se caractérise par un impact émotionnel engendrant des mécanismes socio-psychologiques. Cependant, il est parfois intéressant d'opter pour une communication indirecte. Cela donne plus de temps aux différentes parties pour adresser les sujets et problématiques, ce qui peut être stratégiquement bénéfique dans certaines situations.

La négociation diffère de la communication de tous les jours en ce qu'elle se caractérise par la définition d'objectifs et de résultats spécifiques à atteindre, de tâches à accomplir. Dans le processus de négociation, le négociateur n'a pas, dans la plupart des cas, la possibilité d'arrêter son interaction avec une autre partie du jour au lendemain, et ce, sans aucune perte. A l'opposé, la communication quotidienne n'implique pas la fixation d'objectifs et vous pouvez l'interrompre à tout moment.

Les négociations peuvent être caractérisées comme une interaction de deux ou plusieurs personnes, dont le but est de trouver des solutions mutuellement bénéfiques à certains scénarios. Vous êtes amenés à devoir négocier tout au long de votre vie, spécialement dans les cas où il est nécessaire de parvenir à un accord et de convenir d'engagement futurs.

Habituellement, les négociations se déroulent sous la forme d'une conversation, dont un des objectifs principaux est, avant tout, l'identification et la compréhension des intérêts de chacun afin d'étudier la meilleure manière d'y répondre. Il s'agit de définir et de construire «ensemble» une collaboration qui permette aux deux parties d'y trouver son compte.

Les négociations peuvent faire l'objet de différentes finalités. Ainsi, elles peuvent viser à conclure des contrats, à effectuer certains travaux, à parvenir à un accord de coopération ou à résoudre des conflits. Les différents acteurs qui participent aux négociations veulent parvenir à des accords mutuels, afin de répondre à des questions sur lesquelles leurs intérêts se heurtent. Il s'agit également de savoir faire face aux objections de la partie adverse lorsque celles-ci se présentent.

Pour négocier habilement, toute personne, doit posséder certaines compétences, telles qu'être capable de résoudre des problèmes, interagir avec d'autres personnes et gérer ses émotions.

Il convient également de tenir compte du fait que des personnes ayant des origines culturelles ou une éducation différente à la vôtre peuvent se rencontrer autour d'une même table de négociation. Ces éléments devront être pris en compte afin d'éviter des malentendus, tant sur le fond comme sur la forme, qui pourraient affecter la relation entre les deux parties et, par conséquent, le résultat de la négociation.

Sur la base de cette assez grande variété de caractéristiques, chaque négociation sera différente de la précédente. Dans certains cas, les deux parties peuvent facilement parvenir à un accord, tandis que dans d'autres, il peut être très difficile de trouver une compréhension mutuelle et un terrain d'entente. Et tout cela amène à affirmer qu'il est très utile d'apprendre à maitriser l'art de la négociation.

C'est en raison de la pertinence du sujet de la négociation que j'ai écrit ce livre. Vous y apprendrez le maximum d'informations dont vous avez besoin pour maîtriser cette compétence qui peut s'avérer compliquée si l'on n'a pas connaissance des différents aspects qui la compose mais qui sont pourtant, si important et utile de maitriser.

En résumé...

Dans cette partie, j'ai souhaité définir le concept de négociation. Il s'agit d'un processus où deux ou plusieurs parties interagissent dans le but d'atteindre un objectif spécifique. Les négociations, quelle que soit la sphère de la vie qu'elles concernent, doivent toujours suivre un processus bien défini.

Ce processus consiste non seulement en une communication directe ou indirecte, mais également en d'autres composantes. Cela comprend la formation, la collecte d'informations, le développement de la flexibilité de la pensée et du comportement, l'apprentissage de la gestion des émotions, ainsi que d'autres éléments. Il sera important de bien comprendre les intérêts de chacun afin d'atteindre un accord bénéfique pour chaque partie.

Chapitre 1.2 : Quelles sont les caractéristiques d'une bonne négociation ?

Comme évoqué auparavant, la négociation doit être distinguée de la communication de tous les jours. Les principales caractéristiques distinctives de la négociation sont résumées dans le schéma ci-dessous :

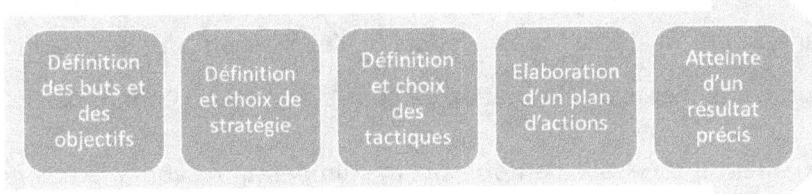

Schéma 1 : Caractéristiques distinctives de la négociation

La **définition de buts et d'objectifs** implique la description de résultats spécifiques à atteindre par le biais de négociations, par chacun des participants au processus de négociation (individuellement et conjointement). C'est à cela que servent les négociations. Dans l'absence de ces buts et objectifs, je serais en train de parler de communications dans le but d'échanger des informations mais non pas de négociations.

Quant à **déterminer et choisir une stratégie**, il s'agit ici de déterminer une ligne de conduite, un plan général, non détaillé, pour atteindre le résultat fixé, qui couvre toute la période de temps pendant laquelle les négociations auront lieu. La stratégie peut également être appelée un moyen d'atteindre l'objectif et un modèle de comportement que le négociateur suivra dans le processus de négociation. Par exemple, en fonction de votre positionnement de force ou de faiblesse par rapport à la partie adverse, vous pourrez définir une approche stratégique différente lors de la négociation. Nous verrons ceci plus en détail dans les prochains chapitres.

Par la suite, la **définition et le choix des tactiques** font partie intégrante du processus de négociation. Les méthodes et techniques de négociation, quant à elles, doivent varier en fonction des caractéristiques de chaque étape spécifique du processus de négociation. Une tactique comprend la recherche, le développement, la préparation et la mise en œuvre de toutes les composantes de la future négociation : l'expression de sa position, l'utilisation d'arguments ou l'utilisation de contre-arguments en font partie.

Il est également intéressant de noter qu'il est impératif d'avoir à la fois une stratégie et une tactique. Si vous ne disposez que de tactiques, le résultat peut être atteint, mais les résultats souhaités ne seront eux-mêmes pas établis. Et si vous n'avez qu'une seule stratégie, alors vous saurez quel résultat vous voulez, mais vous n'aurez pas les moyens d'y parvenir.

Quant à l'**élaboration d'un plan d'action**, celle-ci est nécessaire pour que vous sachiez exactement quelles activités doivent être prises pour atteindre les buts et objectifs. Chaque élément du plan peut à son tour également intégrer l'atteinte d'objectifs intermédiaires. Le plan d'action ainsi que les objectifs intermédiaires peuvent être appelés feuille de route de la négociation. Cette feuille de route vous permettra de pouvoir identifier à quel stade du processus de négociation vous vous trouvez et dans quelle mesure vous vous dirigez vers l'atteinte des objectifs que vous vous êtes initialement fixés.

Finalement, l'**obtention d'un résultat spécifique** est la finalité du processus de négociation, car c'est la raison même pour laquelle la négociation a été menée. C'est à ce stade là que l'on peut affirmer si nous avons atteint – ou pas – l'objectif initialement fixé.

En résumé...

Dans cette partie, je vous ai présenté les caractéristiques et bonnes pratiques pour réussir une négociation qui consistent en cinq étapes clés, à savoir, la définition des buts et des objectifs, la définition et choix de la stratégie ainsi que des tactiques, l'élaboration d'un plan d'actions puis finalement, l'atteinte d'un résultat précis.

Chacune de ces cinq étapes méritent une attention particulière au cours de la phase de préparation, cette dernière constituant l'un des échelons les plus importants du processus de négociation.

PARTIE 2 : MES 5 PLUS GRANDS SECRETS D'UNE NEGOCIATION REUSSIE

Pour la plupart des négociateurs, l'atteinte des objectifs de négociation n'est jamais garantie. Il m'est souvent arrivé de ne pas les atteindre mais j'en ai toujours tiré certaines leçons. Comme je dis souvent, il n'y a pas d'échecs dans les choses que vous entreprenez mais toujours des leçons apprises. En effet, mes échecs m'ont permis d'apprendre et de mettre en place certaines bonnes pratiques qui me mènent aujourd'hui à savoir mener les négociations et maximiser mes chances de réussite.

Dans ma jeunesse, j'ai toujours eu une certaine facilité pour négocier mais je n'avais jamais vraiment compris les secrets de la négociation. Je supposais que c'était un genre de « talent naturel ».

Un jour, en étant en réunion avec un négociateur très coriace qui ne cédait pas d'un pouce, j'ai eu beaucoup de mal à conclure l'affaire. Finalement, frustré, je laissais échapper à mon interlocuteur : « Quels sont vos secrets de négociation ? »

Il fut surpris par ma question mais il me répondit rapidement : « Le plus grand secret est tout simplement celui de comprendre les gens et ce qu'ils veulent ».

Sa réponse m'interpella et je venais d'apprendre quel était l'un des secrets de la réussite de toute négociation : il s'agit de comprendre les gens et ce qu'ils veulent.

J'ai appris que la clé de la négociation est de comprendre les besoins et les désirs de l'autre personne. Une fois que vous savez ce qu'ils veulent, vous pouvez élaborer une solution qui répond à vos besoins mutuels.

J'ai aussi appris l'importance du langage corporel. Les négociateurs qui peuvent lire le langage corporel ont un gros avantage. Ils peuvent voir quand l'autre personne est intéressée par un accord et quand ils sont prêts à partir. Grâce à ces nouvelles compétences, j'ai pu conclure des affaires que je n'aurais jamais crues possibles.

Nous aborderons dans les prochains chapitres les cinq aspects clés de toute négociation auxquels il est important de prêter une attention particulière afin de maximiser les chances d'atteindre son objectif.

Chapitre 2.1 : Préparation, négociation et conclusion d'un accord

La négociation est essentiellement un processus d'échange de points de vue entre deux parties qui est mené dans le but d'atteindre un résultat spécifique. Que ce soit lors d'un entretien d'embauche, de la conclusion d'un contrat important, de la rencontre avec des partenaires commerciaux potentiels, de la vente d'un produit ou service à un client, ou bien d'une négociation familiale, la négociation y est présente.

Chaque négociation contient des éléments qui leur sont propre. Cependant, le processus de négociation suit toujours trois étapes fondamentales. Etudions plus en détail chacune de ces étapes.

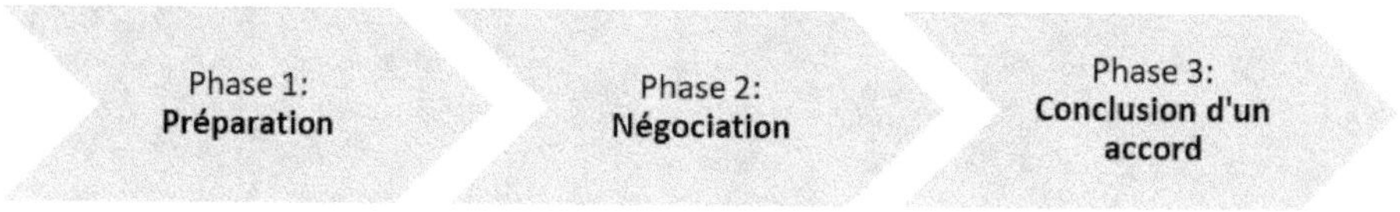

Phase 1:
Préparation

Phase 2:
Négociation

Phase 3:
Conclusion d'un accord

Schéma 2 : Etapes du processus de négociation

2.1.1 Première phase : Préparation d'une négociation

La préparation d'une négociation est une étape extrêmement importante car c'est sur elle que repose les fondations du reste du processus à venir. Chaque élément de préparation est essentiel et peut affecter le résultat de la négociation.

Elle se décompose en cinq parties :

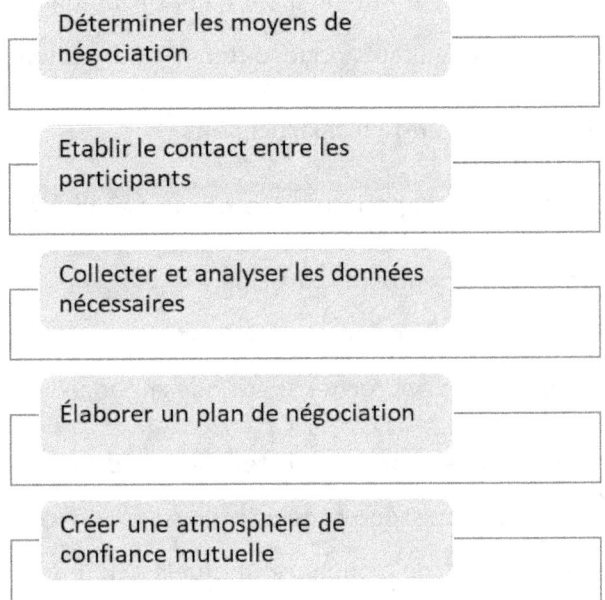

Schéma 3 : Les 5 étapes de la phase de préparation

Etape 1 : Déterminer les moyens de négociation

L'étape de détermination des moyens de négociation se caractérise par l'identification de différentes approches et/ou procédures de négociation et des moyens qui seront utilisés pour les mettre en œuvre. Les moyens de négociation sont déterminés par tous les participants, en fonction de leurs propres considérations et/ou de considérations générales.

Il est important pour vous de savoir à l'avance les moyens par lesquels le résultat souhaité peut être atteint : en plus de déterminer la stratégie de négociation (nous en parlerons par la suite), il s'agit de prévoir tout matériel ou équipement, ainsi que de l'expertise, qui pourrait vous aider à mieux présenter vos arguments. Par exemple, vous pouvez décider de faire intervenir des experts, des professionnels dans un domaine particulier ou bien des consultants indépendants pour soutenir vos arguments.

Etape 2 : Etablir le contact entre les participants

Lors de la préparation de la négociation, il est également nécessaire :

- ✓ D'établir le contact entre les participants,
- ✓ D'identifier la volonté des parties de participer aux négociations ainsi que déterminer des approches spécifiques pour arriver à un accord.

Vous devez établir des relations de sorte que les deux parties aient des objectifs et intérêts qui puissent converger ainsi qu'un certain niveau de respect, de sympathie et de confiance mutuels. En effet, c'est dans le processus d'établissement du contact entre les deux parties que l'interaction de négociation se développe.

Lors de mes expériences passées, j'ai pu, à de nombreuses reprises, constater l'importance de la création et développement de la partie relationnelle afin de pouvoir optimiser les chances de parvenir à un accord. Dans la mesure du possible, je vous conseille, avant de démarrer toute phase de négociation, de prendre le temps de rencontrer les intervenants de l'autre partie et d'échanger avec eux. De même, il est important de présenter les personnes qui participeront au processus de négociation. Ceci permettra d'instaurer un certain climat de transparence et de développement de la relation qui aidera à promouvoir une atmosphère favorable.

Etape 3 : Collecter et analyser des données nécessaires

Lors de la préparation de la négociation, il est également important de :

✓ Définir, collecter et analyser des informations nécessaires sur les personnes, les organisations et tous les détails liés au sujet de la négociation à venir,

✓ Vérifier la pertinence des informations trouvées et leur conformité avec la réalité,

✓ Minimiser la probabilité d'impacts négatifs à partir d'informations non disponibles ou non fiables,

✓ Déterminer les principaux intérêts de chacun des participants à arriver à un accord lors de la négociation.

Au stade de la préparation des négociations, il est primordial de collecter toutes les données possibles sur les personnes et organisations avec lesquelles les négociations seront menées, afin de comprendre et connaitre davantage l'autre partie et pouvoir ainsi mieux anticiper et comprendre leurs intérêts et enjeux. Ceci aidera à orienter et mener le processus de négociation de façon à maximiser le résultat attendu.

Etape 4 : Élaborer un plan de négociation

Une bonne préparation de négociation ne peut être faite sans l'élaboration d'un plan. Pour cela, il sera nécessaire de :

✓ Déterminer les tactiques et les stratégies pouvant contribuer à l'atteinte d'un accord en phase avec les résultats attendus,

✓ Déterminer les approches les plus appropriées à la situation et aux caractéristiques des points les plus controversés qui seront soulevés dans le processus de négociation,

✓ Travailler sur les différentes options de résultats que l'on souhaite atteindre.

Certes, il n'est pas possible de tout prévoir, mais il est possible d'esquisser un plan de négociations. Cela comprend, encore une fois, la détermination de la stratégie qui permettra d'atteindre les objectifs fixés (sur la base des informations recueillies sur l'autre partie prenante), les nuances tactiques qui seront définies en fonction de la stratégie adoptée, les éventuels points qui seront soulevés et la détermination des aspects tels que le lieu des négociations, le nombre de participants ou l'heure du début et de la fin des négociations, c'est-à-dire tous les aspects organisationnels et les formalités. Il est important de disposer d'un schéma clair concernant les aspects de forme.

Etape 5 : Créer une atmosphère de confiance mutuelle

Mis à part les éléments cités auparavant, il est également primordial d'instaurer un climat de confiance mutuelle. Ceci implique :

- ✓ La préparation psychologique des négociateurs à la participation au processus de négociation (les principales questions controversées sont à prendre en compte),
- ✓ La préparation des conditions de perception et de compréhension de l'information et minimiser l'impact des stéréotypes,
- ✓ La création d'un climat dans lequel il est légitime de soulever les points et questions abordant des sujets délicats,
- ✓ La création d'une atmosphère de confiance propice à une interaction efficace.

Les négociations les plus efficaces se déroulent toujours dans une ambiance conviviale, lorsque tous les participants sont prêts à se rencontrer, à écouter les avis contraires ainsi qu'à prendre en compte les intérêts et les besoins des autres parties.

2.1.2 Deuxième phase : Négociation

Lors de cette étape, l'interaction directe entre les participants au processus de négociation démarre pour essayer d'aboutir aux résultats souhaités.

Cette phase comprend plusieurs parties :

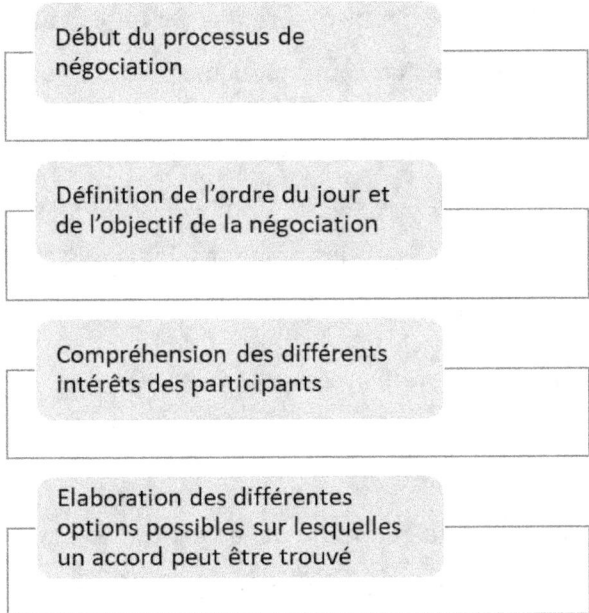

Début du processus de négociation

Définition de l'ordre du jour et de l'objectif de la négociation

Compréhension des différents intérêts des participants

Elaboration des différentes options possibles sur lesquelles un accord peut être trouvé

Schéma 4 : Les 4 étapes de la phase de négociation

Etape 1 : Début du processus de négociation

Cette première partie implique :

- ✓ La présentation des négociateurs de chacune des parties,
- ✓ L'échange des opinions entre les participants, démontrer la volonté d'accepter les opinions de la partie adverse, partager des idées, suggérer ouvertement des considérations émergentes, démontrer le désir de rechercher un accord de façon conciliante,

✓ La détermination et construction d'une ligne de conduite générale.

Si cela n'a pas été fait précédemment, il est important de démarrer toute négociation par la présentation de chacun des intervenants dans le processus de négociation et d'exprimer comment ce processus de négociation va se dérouler : quelles vont être les étapes successives, quels seront les documents dont chaque partie disposera à la fin de chaque étape (compte rendu, version préliminaire d'un contrat, ou autre).

Les participants ont le droit d'exprimer leurs propositions sur le sujet du processus de négociation, d'exprimer leurs positions, de faire des ajustements et des ajouts. Ces informations initiales seront la base sur laquelle démarrera le processus de négociation.

Etape 2 : Définition de l'ordre du jour et de l'objectif de la négociation

Cette deuxième partie implique :

- ✓ La détermination du périmètre de la négociation et de ses objectifs,
- ✓ La définition du processus formel qui sera suivi tout au long de la négociation (durée de la négociation, nombre d'étape ou de round, personnes intervenantes, etc.),
- ✓ La manifestation de la volonté des participants de développer un accord sur le sujet faisant l'objet de la négociation,
- ✓ L'utilisation de techniques d'écoute active, y compris l'obtention d'informations supplémentaires.

Il est important d'avoir une approche conciliante et constructive afin d'arriver à un accord qui puisse être avantageux aux parties prenantes.

Aussi, la compréhension des intérêts de chacun est un élément clé pour la réussite d'une négociation. Le rythme est donné : des questions complémentaires sont débattues sur lesquelles les parties n'ont pas d'avis univoque, des informations complémentaires sont recueillies de part et d'autre grâce à une écoute active, au partage d'informations via un processus de communication efficace et à la constitution de listes de questions complémentaires si nécessaire.

Etape 3 : Compréhension des différents intérêts des participants

Cette troisième partie implique :

- ✓ Une première analyse détaillée de vos intérêts ainsi que ceux que pourraient être ceux de l'autre partie doit être menée. Ce sera lorsque la négociation avec l'autre partie aura démarré que l'on confirmera, modifiera ou bien élargira la liste de leurs intérêts. Ceci vous aidera par la suite pour mieux négocier. En effet, la compréhension des enjeux des autres parties et de leurs intérêts peut vous ouvrir de nouvelles pistes ou éléments de négociation à explorer. Cela vous aidera à mieux comprendre leurs positions et pouvoir ainsi adresser leurs besoins et demandes tenant compte de ces informations.
- ✓ Communication de la part des participants de leurs intérêts : vous pourrez vous retrouver avec certains intérêts communs, d'autres divergents ou bien certains avec un caractère de complémentarité.

Lors de cette étape intermédiaire, les participants approfondissent ensemble l'analyse des différents points faisant l'objet de la négociation de chacune des parties. Pour cela, il est important de poser toutes les questions que l'on considère nécessaires, clarifier les différents points afin d'éviter tout malentendu, et ce, dans le but de bien comprendre quels sont les besoins et les intérêts des autres parties.

Il ne faut pas oublier qu'il n'y a pas de question bête. Si vous avez un doute ou bien si une information partagée par l'autre partie n'est pas claire pour vous, n'hésitez pas à faire le nécessaire pour le clarifier dès le début de la négociation ! Cela vous fera gagner du temps et de potentielles frustrations futures qui pourraient nuire au résultat final de votre négociation. Cela aidera à l'élaboration de la solution ou option la plus appropriée pour toutes les parties prenantes et cela contribuera à ce que celles-ci puissent parvenir à un accord. En effet, sur la base des informations partagées lors de cette étape, les participants pourront non seulement mieux comprendre les intérêts majeurs de chacun, mais aussi trouver de nouveaux points d'intérêts communs qui pourront mener à de nouvelles options créatives que vous n'aviez pas initialement envisagées.

Etape 4 : Elaboration des différentes options possibles sur lesquelles un accord peut être trouvé

Arrivé à ce stade, il sera nécessaire d'élaborer différentes options sur lesquelles l'accord peut être trouvé. Ceci implique :

- ✓ Le désir des participants de choisir l'option la plus appropriée dans la gamme existante (s'il n'y a pas une telle option, de nouvelles options doivent être identifiées),
- ✓ La rédaction des critères ou proposition des règles afin de guider le processus de négociation,
- ✓ La discussion des questions qui départagent les deux parties.

Un accord peut être atteint via la proposition d'options proposées par chacun des participants de façon individuelle ou bien via des options développées conjointement pendant le processus de négociation.

Sur la base de toutes les données obtenues pendant les étapes précédentes, et après avoir discuté de tous les détails et subtilités du sujet en question, les négociateurs peuvent mettre sur la table les différentes options possibles afin d'atteindre un accord. Lors de négociations plus complexes, il arrive de ne pas trouver d'option qui convienne à tous les participants. Nous parlerons séparément de ce cas de figure dans un des chapitres suivants.

2.1.3 Troisième phase : Conclusion d'un accord

L'étape du consensus est le résultat de tout ce qui a été détaillé jusqu'à présent. À ce stade, les participants au processus de négociation parviennent à un accord précis qui satisfait leurs intérêts. Cette étape se compose également de plusieurs parties :

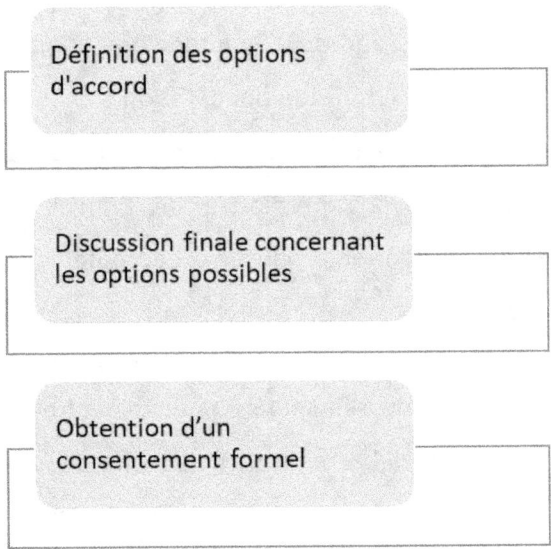

Schéma 5 : Les 3 étapes de la conclusion de l'accord

Etape 1 : Définition des options d'accord

Cette partie implique :

- ✓ Prise en compte détaillée des intérêts des participants,
- ✓ Établir un lien entre les intérêts des participants et les différentes options qui pourraient satisfaire les deux parties,
- ✓ Évaluation de chacune des options.

Les options proposées pour parvenir à un accord lors de l'étape précédente sont résumées, puis évaluées tenant compte des intérêts de chacune des parties. Pour chacune des options, des questions sont posées telles que : «Cette option satisfait-elle la Partie A / la Partie B ?», «Dans quelle mesure l'option 1 ou l'option 2 satisfait-elle mes attentes et répond-elle à mes intérêts?» «Cette option répond-elle aux intérêts de la Partie A / la Partie B ?».

Afin de pouvoir évaluer chaque option, il est important de pouvoir les qualifier en suivant une approche méthodique. Pour cela, je vous recommande d'attribuer un critère de pondération à chaque composante de l'option ainsi que de la noter sur une échelle de 0 à 10 afin d'obtenir un résultat quantitatif. Ceci vous permettra de pouvoir déterminer avec davantage d'objectivité si l'option proposée est acceptable pour vous.

Voici un exemple :

Supposons que vous avez été sélectionné pour rejoindre une entreprise en tant que directeur commercial. L'entreprise souhaite discuter avec vous afin d'arriver à un accord sur la proposition d'embauche et les conditions financières associées. Avant d'arriver à la réunion de négociation, il est important de réfléchir aux composantes qui sont importantes pour vous et qui seront donc en phase avec vos principaux intérêts (voir **Tableau 1**).

Après réflexion, vous arrivez au résultat suivant :

	Définition	Pondération
Composante 1	Salaire	50%
Composante 2	Poste basé à l'étranger	30%
Composante 3	Possibilité de télétravail	15%
Composante 4	Voiture de fonction	5%

Tableau 1 – Composante de la proposition d'embauche

Une fois les critères définis et suite aux échanges lors de la négociation de la proposition d'embauche, vous serez en mesure de pondérer et noter chaque composante et ainsi obtenir une note globale qui vous permettra d'évaluer les différentes options proposées.

Vous devriez également définir un seuil minimum à partir duquel vous déciderez de ne pas accepter l'offre d'embauche. Ceci est généralement connu sous le terme de *prix de réservation*. Le prix de réservation est le prix en dessous duquel vous déciderez de rompre la négociation et de ne pas aller de l'avant. Apres réflexion et analyse concernant la détermination de votre prix de réservation, il est important de réfléchir en parallèle sur un concept très connu et utilisé dans le monde de la négociation. Il s'agit du **MESORE** ou **« Meilleure solution de rechange à une entente négociée dans une situation donnée »**. Le MESORE est votre plan B dans le cas où la négociation n'aboutirait pas. En d'autres mots, si vous n'arrivez pas à un accord, quel serait les autres alternatives que vous pourriez considérer. Dans l'exemple cité ci-dessous, cela pourrait être rester dans votre poste actuel ou bien continuer à postuler sur d'autres postes qui répondent davantage à vos attentes et intérêts.

Etape 2 : Discussion finale concernant les options possibles

Voici les étapes pour parvenir à un accord :

- ✓ Choix des options disponibles pour arriver à un accord,
- ✓ Définition de l'option qui convient aux différentes parties et négociation le cas échéant,
- ✓ Formulation de la décision finale,
- ✓ Élaboration de la procédure d'enregistrement de l'accord principal.

Cette phase est souvent considérée comme la plus critique de la négociation car elle peut déterminer si un accord est conclu ou non.

Pendant cette phase, les parties examinent les options qui ont été présentées lors des phases précédentes de la négociation et évaluent leur viabilité et leur acceptabilité. Elles peuvent également explorer de nouvelles options et formuler des compromis pour parvenir à un accord qui convient à toutes les parties. En effet, si l'option sélectionnée présente des points bloquants ou bien qui nécessitent une amélioration, une nouvelle version est créée sur cette base, éliminant ces points.

La phase finale de négociation peut être très intensive en temps et en effort car elle implique souvent des allers-retours entre les parties pour discuter des différents aspects de l'accord.

L'objectif de la phase finale de négociation est de trouver un terrain d'entente qui satisfait les intérêts de toutes les parties impliquées, en évitant les impasses et les conflits.

Par exemple, imaginons que vous êtes en train de négocier l'achat d'une maison avec un vendeur. Au cours des étapes précédentes de la négociation, vous avez discuté des différents aspects de la transaction, tels que le prix, les conditions de paiement et les délais de signature de l'opération.

Dans la phase finale de négociation, vous et le vendeur discutez des options possibles pour parvenir à un accord final. Par exemple, le vendeur peut proposer une baisse considérable du prix demandé en échange d'un paiement plus rapide, tandis que vous pourriez proposer un paiement différé en échange d'une réduction de prix moins importante. Tout dépendra de vos principaux intérêts.

Au cours de cette phase, vous examinez les différentes options et évaluez leur viabilité et leur acceptabilité. Vous pouvez également discuter de questions supplémentaires telles que les réparations nécessaires ou les garanties de propriété. Finalement, après plusieurs allers-retours, vous parvenez à un accord final qui convient à toutes les parties.

Etape 3 : Obtention d'un consentement formel

Une fois qu'un accord est conclu, il est important de s'assurer qu'il est clairement rédigé et que toutes les parties comprennent les termes et les conditions de l'accord afin d'éviter les malentendus futurs.

Les étapes pour parvenir à un consentement sont énumérées ci-dessous :

- ✓ Obtention du consentement : le consentement peut être à la fois oral et écrit sous la forme par exemple d'un contrat,
- ✓ Discussion par les participants du processus de réalisation des obligations contractées,
- ✓ Développement par les participants des moyens possibles pour surmonter les difficultés qui peuvent survenir dans le processus d'exécution de leurs obligations,

✓ Élaboration par les participants de la procédure de contrôle du respect de leurs obligations,

✓ Formalisation de l'accord,

✓ Développement de mécanismes et d'obligations d'exécution (équité, impartialité, garanties, etc.).

Le résultat de toutes ces étapes mène à la conclusion par les parties d'un accord formel. Les négociateurs verbalement, concluent un accord, répartissent les droits et obligations, fixent des délais pour l'exécution des obligations assumées. De plus, les participants doivent déterminer l'ordre des sanctions (pénalités ou autres) pour le manquement de l'une des parties à remplir ses obligations ou bien à violer les termes de l'accord.

Afin de maximiser la probabilité même de succès dans les négociations, il est nécessaire de suivre les étapes que j'ai énuméré précédemment, sans en exclure ni les permuter (voir **Tableau 2**).

	Phase 1 - Préparation	Phase 2 - Négociation	Phase 3 - Conclusion
Etapes du processus de négociation	✓ Définir les moyens de négociation ✓ Etablir le contact entre les participants ✓ Collecter et analyser les données nécessaires à la négociation ✓ Élaborer un plan de négociation	✓ Début du processus de négociation ✓ Définition de l'ordre du jour et de l'objectif de la négociation ✓ Compréhension des différents intérêts des participants ✓ Élaboration des différentes options possibles sur lesquelles un accord peut être trouvé	✓ Définitions des variantes d'accord ✓ Discussion finale concernant les options possibles ✓ Obtention d'un consentement formel

✓ Créer une atmosphère de confiance mutuelle		

Tableau 2 - Récapitulatif du processus de négociation

Dans la suite de ce chapitre, je vais partager avec vous quelques recommandations supplémentaires pour que vous puissiez vous familiariser avec certaines règles qui vous permettront de mener à bien vos négociations ainsi que d'autres qui vous aideront à persuader vos partenaires.

Ces quelques recommandations vous permettront d'éviter les erreurs les plus courantes (nous en reparlerons plus en détail dans le **Chapitre 3.1)** et de mener les négociations efficacement et de façon optimale pour chacune des parties. Typiquement :

- ✓ **Évitez les déclarations susceptibles de déprécier la personnalité des autres participants**. Essayez de suivre l'étiquette (l'étiquette est la conduite à tenir dans un milieu social ou une culture différente de la sienne), soyez poli, communiquez avec l'autre partie tenant compte des aspects et différences culturelles qui pourraient exister. Il est donc important de se renseigner sur la partie adverse et bien intégrer les éléments du « protocole » attendu.
- ✓ **Essayez de « lire » les pensées de l'autre partie** à l'avance afin de pouvoir faire des déclarations qui sont en phase avec ses pensées. Le langage corporel est une composante à prendre en compte et à ne pas négliger. Certaines études ont prouvé que la technique de la mimique peut être efficace lors des processus de négociation.
- ✓ **N'ignorez ou ne négligez jamais l'opinion de l'interlocuteur**. Tenez compte de ce qu'il dit.

✓ **Evitez de démarrer une négociation sans expliquer clairement ses objectifs ou propos,** de se diriger à l'autre partie en lui adressant des questions qui peuvent être dérangeantes et instaurer un climat de méfiance. Une telle ligne de conduite n'est pas efficace, car l'autre partie peut ressentir cette pression. Ceci peut considérablement nuire au processus et mettre en péril l'atteinte d'un accord. Pour que les négociations se déroulent sans heurts, il est nécessaire d'expliquer et clarifier les raisons pour lesquelles nous demandons ces informations.

✓ **N'oubliez pas de développer l'idée.** Si pour une raison quelconque, l'autre partie prenante n'a pas indiqué ce qu'elle veut dire directement, déduisez vous-même la conséquence de ses mots. Il est important de répéter ou paraphraser ce que l'autre partie a dit de façon à confirmer que nous avons bien compris le message et ainsi éviter tout malentendu futur. Si vous ne comprenez pas quelque chose, assurez-vous de le clarifier. Vous pouvez ainsi dire : « D'après ce que vous venez d'évoquer, vous seriez intéressés par ceci (détaillez ce que vous avez compris). Ai-je bien compris/Est-ce bien cela ? »

✓ **Ne vous laissez pas emporter par vos émotions.** Si à un certain stade des négociations vous sentez que vous commencez à céder aux émotions, il sera tout à fait normal que vous l'exprimiez, mais assurez-vous de le faire calmement. L'incapacité à gérer vos émotions ne mènera à rien de bon dans les négociations. Vous pouvez ainsi dire : « Je suis très surpris par les dernières informations que vous venez de me partager et par la position que vous adoptez à ce sujet. J'ai besoin de quelques minutes de pause afin de pouvoir les traiter et les intégrer. Je vous propose donc de nous retrouver dans 15 minutes et de reprendre ensuite cette conversation. » Il en est de même dans le cas où cela serait la partie adverse celle qui serait en train de succomber aux émotions. Il sera tout à fait acceptable que vous exprimiez comment vous percevez son état à ce moment précis et que vous suggériez de faire une pause ou de reprendre la conversation à un autre moment afin de calmer les esprits de chacun.

✓ **Pensez à résumer les résultats intermédiaires** lorsque vous négociez et discutez de sujets individuels. Cela favorisera la compréhension mutuelle et servira également de balise qui donnera un signal à chaque fois que les négociations s'écartent du sujet principal.

Un élément additionnel à prendre en compte pour mener une négociation efficace est celui qui englobe les **règles de persuasion**. Celles-ci vous serviront dans toutes les situations où vous aurez besoin de convaincre votre partenaire de votre justesse ou du poids de vos arguments. Les voici :

✓ **Entamez la négociation sur les sujets ou points sur lesquels vous et votre interlocuteur êtes d'accord**, et seulement après, de passer aux sujets sur lesquels il y a des désaccords.

✓ **Portez une attention particulière à l'ordre dans lequel vous présentez vos arguments**. Leur ordre affecte directement votre force de persuasion.

✓ **Faites en sorte que la partie adverse puisse garder « la tête haute »**. Ne frustrez jamais votre interlocuteur, même si vous vous sentez supérieur à lui. Quel que soit le statut du partenaire (supérieur ou inférieur au vôtre), ne cherchez jamais à l'abaisser. Cela peut affecter négativement à la fois sa réputation ainsi que la vôtre.

✓ **Adoptez l'attitude adéquate envers l'autre partie**. L'attitude envers les arguments de la partie adverse ne doit pas être condescendante (comme cela se produit lors de la négociation avec un partenaire agréable) ou avec des préjugés (comme cela se produit lors de la négociation avec un partenaire désagréable).

En résumé...

Dans ce chapitre 2.1, nous avons vu que la négociation est un processus qui ne doit, en aucun cas, être traité avec négligence et insouciance. L'atteinte de vos objectifs dépend en grande partie de vos compétences sur cette matière. Si une étape de la négociation ne reçoit pas l'attention qu'elle mérite, toutes les autres peuvent être compromises. Les erreurs commises dans les négociations sont souvent difficilement redressables et peuvent parfois se retourner contre soi.

Il est donc important de suivre les différentes étapes qui consistent à préparer les négociations, en respectant l'ordre dans lequel elles doivent être menées, et qui nous permet par la suite de les gérer de manière efficace.

Chapitre 2.2 : Stratégies de négociation

Avant de passer au processus de négociation, il faut s'y préparer, le planifier, établir avec qui exactement les négociations auront lieu, découvrir toutes les informations sur la partie adverse et quels résultats on espère atteindre. Mais, comme déjà évoqué, au stade de la préparation des négociations, il est très important, entre autres, de décider de la stratégie, car le résultat d'une négociation dépend en grande mesure de la manière dont les négociations sont menées. Dans ce chapitre, je vais vous présenter les principales stratégies de négociation ainsi que certaines des techniques et méthodes qui leur sont associées et qui vous aideront à aboutir à une négociation fructueuse.

Chacun des participants aux négociations poursuit des objectifs spécifiques qui se doivent d'être clairs pour chacune des parties impliquées. Chaque partie poursuit également un autre objectif : celui de gérer le processus de négociation. C'est à cela que servent les stratégies de négociation.

Il est important de comprendre que les objectifs des négociateurs ne coïncident jamais complètement. Celui qui gèrera le processus de négociation sera celui qui aura le plus de chance de sortir gagnant de la négociation. Gérer signifie ici choisir la position la plus active, affirmer son point de vue, assurer ses propres décisions et insister sur certaines propositions.

Mais souvent, la difficulté réside dans le fait que, d'une part, tout le monde ne sait pas et ne comprend pas comment le processus de négociation est géré et, d'autre part, chacun des participants peut prendre l'initiative de gérer les négociations, ce qui peut entraîner une complication de la situation.

C'est pour cette raison qu'il est important de comprendre les différents éléments de stratégie qui impactent le processus de négociation pour en tirer profit.

2.2.1 Eléments de stratégie

Respecter **l'éthique de la négociation** est un des aspects fondamentaux pour tout négociateur confirmé. Ne faites pas aux autres ce que vous n'aimeriez pas qu'on vous fasse. Voici un exemple :

Vous avez entamé une négociation avec un fournisseur stratégique pour vous et vous tentez de le pousser à accepter des conditions qui lui sont défavorables. Si ceci se produit, il est fort probable qu'il commencera à vous affronter et que les négociations elles-mêmes commenceront à ressembler à une bataille acharnée. Pour éviter cela, la meilleure solution est d'offrir à votre fournisseur une option qui sera bénéfique non seulement pour vous, mais pour lui aussi. Les tentatives de « tirer la couverture » de votre côté ne mènent jamais à de bons résultats, et vous ne devez donc entamer des négociations que lorsque vous êtes sûr que la solution au problème que vous allez proposer sera acceptable non seulement pour vous, mais également pour l'autre participant. C'est l'essence même de l'éthique du processus de négociation.

En dehors de cela, quelle que soit la stratégie que vous envisagez d'adopter, il faut également connaitre les conditions globales que toute négociation efficace et constructive doit remplir.

L'**approche générale de négociation** doit également faire partie de la stratégie globale. Elles sont représentées par trois éléments de base :

✓ Comprendre ce que vous voulez réaliser dans le processus de négociation,

✓ Être flexible dans votre comportement,

✓ Utiliser la rétroaction (évaluer constamment si vos actions vous amènent à atteindre le résultat escompté).

Le premier point (**fixation d'objectifs**) ayant été développé dans les chapitres antérieurs, je vais aborder plus en détail les deux derniers : la flexibilité dans le comportement et l'utilisation de la rétroaction.

La **flexibilité comportementale** est une condition générale car elle doit être, à tout moment, présente. Elle concerne, l'utilisation de moyens de communication tels que les gestes, les expressions faciales, la voix, la manière de parler, le vocabulaire utilisé, etc. Tous ces éléments seront votre moyen de transport du point A (le début des négociations avec toutes ses particularités) au point B (atteinte de l'objectif). Ainsi, plus votre véhicule est polyvalent, plus vous aurez de chances d'atteindre le résultat souhaité. Tenez également compte du fait que les négociations sont toujours menées par la personne la plus flexible, et que la rigidité comportementale et l'étroitesse d'esprit ne font que créer des obstacles. Evitez donc de démarrer une négociation avec des positions rigides et soyez ouvert à des options flexibles et bénéfiques aux deux parties.

Une vision claire du résultat souhaité et la flexibilité sont les deux faces d'une même pièce : vous devez toujours comprendre ce que vous essayez d'atteindre et ne pas vous écarter de votre objectif, mais en même temps, vous devez rester flexible et utiliser différentes manières d'y parvenir.

Quant à l'**utilisation de la rétroaction**, sur un plan pratique, elle peut s'afficher de la manière suivante : imaginons que le processus de négociation soit un jeu d'échecs. En voyant un échiquier devant vous avec les pièces dessus, vous évaluez l'état des choses, calculez les options pour le développement de la situation, faites un mouvement, changeant ainsi la position de jeu, puis attendez que l'adversaire fasse un mouvement. Après cela, le cycle se répète à plusieurs reprises. C'est la même chose avec les négociations : vous faites une déclaration et celle-ci sera suivie de celle de l'autre partie, et ainsi de suite. Progressivement, cela vous permettra d'évaluer la situation et de continuer à avancer tenant compte des derniers « mouvements ».

Il est très important de comprendre la dynamique du processus de négociation: dans un premier temps, vous essayez de vous adapter à votre interlocuteur afin de parvenir à une compréhension mutuelle. Cette étape est différente dans le sens où vous vous basez dans votre discours sur ce que tout le monde sait déjà, citant en exemple quelques platitudes et axiomes, car votre objectif est de vous assurer que votre interlocuteur est d'accord avec ce que vous dites. Vous pouvez obtenir le consentement soit sous une forme directe et verbale, soit sous une forme indirecte, qui s'exprimera par des regards approbateurs, des hochements de tête, etc. Mais même ici, il ne faut pas perdre la vigilance : il ne faut pas être trop banal pour ne pas heurter les sentiments de votre interlocuteur, et retarder également cette étape de l'obtention d'un accord initial. Si vous voyez que la réaction à vos propos et commentaires est positive, cela suffira déjà.

Une fois qu'un accord initial a été conclu et que les règles et principes généraux de la négociation ont été établis, vous avez les bonnes cartes entre vos mains. Ce n'est qu'après une bonne préparation que vous pouvez commencer à proposer des options pour résoudre le problème, et présenter des idées qui peuvent vous aider à atteindre votre objectif. Et les commentaires, bien sûr, sont cruciaux ici aussi. Si vous voyez que votre interlocuteur accepte ce que vous dites avec approbation, continuez votre discours, mais si vous commencez à remarquer qu'il n'y a plus d'accord (les expressions faciales de votre interlocuteur ont changé, il a commencé à regarder autour de lui, etc.), vous devez immédiatement revenir au réglage, c'est-à-dire résumez et répétez une fois de plus ce sur quoi votre interlocuteur était d'accord lorsque vous aviez commencé votre discours. Après cela, vous pouvez commencer à formuler les idées non acceptées d'une manière différente, en utilisant la même flexibilité comportementale.

L'utilisation de la rétroaction peut également s'exprimer dans le fait que pendant le processus de négociation, vous vérifierez de temps en temps le degré de votre progression vers l'objectif en posant des questions sur ce dont vous n'avez pas encore discuté, et en vous demandant également s'il est temps de faire l'inventaire. Soit dit en passant, ce dernier peut être perçu comme une commande cachée pour mener à bien les négociations. Et là encore, vous devez utiliser la rétroaction : essayez par tous les moyens possibles de déterminer (remarquez, entendez, ressentez) la réaction de l'interlocuteur à vos déclarations, et en aucun cas vous ne devez oublier la flexibilité : expérimentez, soyez créatif, essayez de nouveaux comportements.

Je souhaite brièvement aborder une autre nuance importante à prendre en compte, **les caractéristiques des négociations qui ont lieu entre plus de deux participants** : personnes, équipes ou organisations.

Dans l'ensemble, l'essence même des négociations impliquant plus de deux parties est la même. Cependant, ces négociations sont toujours plus complexes, car elles ont plusieurs **spécificités** :

✓ La **préparation et la planification** des négociations **consomment davantage de temps**. En effet, il faut collecter davantage d'information car les différents intervenants sont plus nombreux.

✓ La **définition et la fixation des objectifs est plus complexe** dans la mesure où il est nécessaire de parvenir à un accord qui conviendra à plusieurs participants à la fois, ce qui signifie qu'il doit satisfaire à un nombre beaucoup plus important de conditions.

✓ Le **choix d'une stratégie de négociation est nettement plus difficile**, car il y a un risque de tomber sous une pression de masse, de choisir une ligne de conduite inefficace ou de se retrouver dans des conditions défavorables.

✓ **L'attention dans le processus de négociation doit être portée non pas sur un côté opposé, mais sur chacun d'eux**, ce qui demande des compétences assez spécifiques de chaque participant : il faut être capable de déterminer les réactions de plusieurs personnes (ou groupes de personnes), les discours doivent être construits en tenant compte des caractéristiques personnelles (ou de groupe) de chacun des participants et il est requis d'avoir la capacité de répondre aux arguments exprimés par plusieurs parties.

Pour cette raison, des experts externes sont beaucoup plus souvent impliqués dans la préparation des négociations impliquant plus de deux parties.

Le nombre optimal de participants aux négociations est considéré comme ne dépassant pas six parties. C'est le nombre maximum d'opposants avec lesquels il est possible de développer un processus d'interaction productif et d'atteindre des objectifs communs. Gardez donc ces données à l'esprit. Dans certaines situations, elles peuvent aider à prendre certaines décisions, y compris de décider quels seront les personnes qui devraient participer à la négociation.

Voici le **Tableau 3** récapitulatif des points abordés ci-dessus :

	Aspects importants lors de la définition de la stratégie de négociation	
1	Ethique du processus de négociation	Ne pas faire aux autres ce que vous n'aimeriez pas qu'on vous fasse
2	Approche générale de négociation	✓ Comprendre ce que vous voulez réaliser dans le processus de négociation ✓ Être flexible dans votre comportement ✓ Utiliser la rétroaction (évaluer constamment si vos actions vous amènent à atteindre le résultat escompté)
3	Nombre de parties participant à la négociation	Ne pas dépasser 6 parties

Tableau 3 - Récapitulatif des éléments de stratégie

2.2.2 Stratégies de négociation

Une stratégie est un plan d'action à long terme pour atteindre un résultat spécifique. Elle implique une analyse approfondie de l'environnement et des ressources disponibles pour élaborer une approche adaptée aux circonstances spécifiques.

La stratégie que vous choisissez affectera directement l'atteinte ou non de votre objectif. Il est également intéressant de noter que dans certaines situations, la stratégie de négociation peut viser à atteindre l'objectif à tout prix, dans d'autres, à maintenir les relations entre parties adverses ou bien à s'adapter aux conditions d'un interlocuteur plus fort.

De toutes les stratégies de négociation, la stratégie « Gagnant - Gagnant » est considérée comme la plus courante et la plus populaire. On distingue en général 4 stratégies majeures :

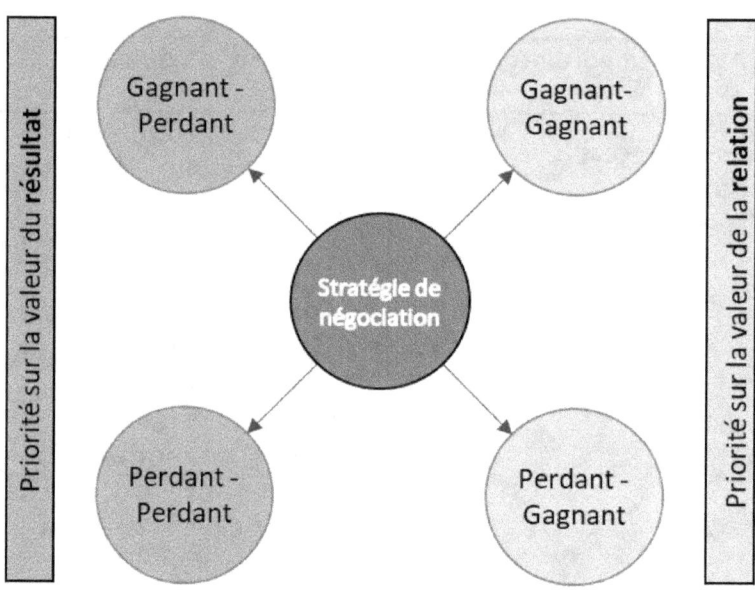

Schéma 6 – Principales stratégies de négociation

Le choix de la stratégie doit être déterminé en fonction de deux paramètres : la valeur portée sur la relation et celle portée sur le résultat. Examinons de plus près chacune d'entre elles.

Stratégie « Gagnant - Gagnant »

La stratégie « Gagnant - Gagnant » est basée sur la **coopération**. Elle vise à garantir que tous les participants aux négociations seront satisfaits du résultat. La principale condition préalable ici est que les différentes parties comprennent, respectent et prennent en compte les intérêts de l'autre. Il convient de noter que cette stratégie particulière est considérée comme la plus efficace dans toutes les négociations et que tous les efforts doivent être faits pour trouver un terrain d'entente avec les autres parties. Prenons un exemple : vous êtes représentant d'une marque de télévision et vous devez négocier avec votre principal client le renouvellement de votre contrat de vente pour les trois années à venir. Votre client fait partie d'une grande chaine de distribution et il vous annonce qu'afin de renouveler le contrat avec vous, il est nécessaire de baisser vos prix. Une stratégie « Gagnant - Gagnant » consisterait à lui accorder une réduction de prix en obtenant en échange un engagement de leur part sur un volume minimum d'achat. Ce compromis assurerait une meilleure marge sur la revente de produit à votre client, tout en vous assurant une augmentation de votre chiffre d'affaires et une consolidation de votre relation avec le client.

Stratégie « Gagnant - Perdant »

La stratégie « Gagnant - Perdant » est basée sur la **rivalité**. Il vise à obtenir la « victoire » de l'autre partie est perçu par le premier comme un opposant et non pas comme un partenaire. Cette stratégie est principalement utilisée dans les cas où ce n'est pas la relation qui compte, mais le résultat. Un participant agissant selon une telle stratégie est capable d'utiliser toutes les méthodes possibles pour atteindre ses objectifs, y compris la tromperie ou la manipulation. Cette stratégie s'avère souvent efficace dans le domaine des ventes, lorsque le vendeur doit augmenter à tout prix ses ventes en vendant un produit cher ou plusieurs produits à la fois. La stratégie de rivalité n'est souvent efficace que pour la réalisation d'objectifs à court terme. Afin de visualiser ce genre de situation, imaginez que vous avez devant vous un gâteau qui doit être divisé en deux parties : la part supplémentaire du gâteau que l'un obtient viendra forcément au détriment de la réduction de la part de l'autre.

Stratégie « Perdant - Gagnant »

La stratégie « Perdant - Gagnant » est basée sur l'**adaptation**. Dans le processus de négociation, une stratégie opportuniste conduit à la défaite consciente du participant qui l'a choisie et à la victoire de l'autre partie. Cette stratégie est plus efficace dans les situations où la relation entre les parties est d'une valeur particulière, et le résultat dans une situation spécifique peut être relégué à l'arrière-plan. Prenons un exemple : supposons que vous êtes en train de négocier un contrat de vente de services informatiques avec un de vos principaux clients qui génère, à ce jour, 30% de votre chiffre d'affaires. Votre offre initiale inclut une marge brute de 35% sur les tarifs proposés et votre direction a donné de claires instructions de ne pas réaliser de ventes supposant une marge inférieure à 30%. Lors de la négociation, votre client vous demande une réduction sur les tarifs proposés de 10% afin de pouvoir conclure l'accord car ses restrictions budgétaires ne lui permettent pas d'aller au-delà de ce montant. Etant donné qu'il s'agit d'un client stratégique pour vous, vous allez finalement accepter cette réduction car ceci consolidera votre partenariat avec ce client sur le long terme et augmentera sa dépendance envers votre société et les services que vous lui prêtez.

Stratégie « Perdant - Perdant »

La stratégie « Perdant - Perdant » est basée sur l'**évasion**. Dans la grande majorité des cas, cette stratégie est utilisée dans les négociations par des parties ayant des positions faibles. Mais il existe également des situations dans lesquelles l'une des parties recourt à provoquer consciemment une perte mutuelle dans les négociations (en règle générale, ce sont des situations où l'un des parties prenantes a l'intention d'atteindre ses propres objectifs par une perte mutuelle). En outre, il existe une troisième option pour appliquer la stratégie d'évasion. Lorsque les participants, quels que soient les résultats des négociations, ne veulent pas céder : ils agissent sur le principe de « ni pour eux ni pour les autres ». Par exemple, lorsque deux héritiers se disputent un bien, parfois, chacune des deux parties préfère que le bien soit saisi par l'Etat, plutôt que de revenir à l'autre partie.

La stratégie à choisir pour chaque situation spécifique dépendra de ses caractéristiques et de son contexte. Vous devez être guidé, tout d'abord, par les informations que vous recevez au stade de la préparation des négociations, ainsi que par l'importance que la relation et que le résultat a pour vous. Si votre priorité est d'atteindre l'objectif, vous pouvez choisir la stratégie « Gagnant – Perdant », mais gardez à l'esprit que la partie adverse peut être assez bien préparée pour les négociations, et même si elle a initialement choisi la stratégie « Gagnant – Gagnant », elle pourrait très bien revoir sa stratégie en cours de route afin de rééquilibrer la situation.

Si la chose la plus importante pour vous est de maintenir une bonne relation et que vous êtes prêt à abandonner vos objectifs initiaux, la stratégie « Perdant – Gagnant » pourrait davantage convenir. Mais tout n'est pas toujours si simple, car la partie adverse, voyant que vous « abandonnez la faiblesse », et n'accordant pas non plus beaucoup d'importance aux relations avec vous, pourrait bien commencer à faire activement pression sur vous, à la suite de quoi vous vous retrouverez dans une position bien pire que ce à quoi vous vous attendiez initialement. Ceci m'amène à vous présenter deux approches stratégiques complémentaires : la stratégie de la « position de force » et celle de la « position de faiblesse ». Etudions-les ci-dessous plus en détail.

La Stratégie de la « position de force »

On peut affirmer que vous êtes en position de force si les autres participants ont besoin de votre coopération et que vous êtes capable de lui faire accepter vos conditions.

Avant de détailler la méthode à suivre, il est important de rappeler que toute négociation a pour but l'atteinte d'un accord via lequel les parties prenantes obtiennent mutuellement des bénéfices, et ce, tout en tachant de maintenir une bonne relation avec l'ensemble des parties.

Quant à la méthode à suivre, voici celle que je vous propose afin de négocier efficacement lorsque vous vous trouvez en position de force :

- ✓ **Bien préparer la négociation** : une bonne préparation est toujours une garantie pour une bonne négociation. Assurez-vous de bien noter quels sont vos objectifs, vos intérêts ainsi que bien analyser quelles sont les forces et les faiblesses de l'autre partie.

- ✓ **Identifier les points de levier** qui vous donnent un avantage dans la négociation. Ceci peut concerner par exemple la rareté de votre produit, une forte demande du marché ou des contraintes de temps pour la partie adverse.

- ✓ **Fixer des objectifs ambitieux** dans la mesure où vous êtes en position de force, et ce, dans le but d'obtenir des concessions de la partie adverse.

- ✓ **Adopter une communication efficace et une écoute active** en expliquant clairement quels sont vos intérêts, vos positions, vos préoccupations et en écoutant également les arguments de l'autre partie afin de vous aider à mieux les comprendre et proposer des solutions qui puissent répondre à leurs besoins tout en maintenant vos avantages.

✓ **Proposer des solutions** qui sont avantageuses pour vous et qui puissent également répondre aux besoins de la partie adverse. Cela peut aider à conclure un accord plus rapidement.

✓ **Evaluer vos alternatives** comme par exemple, pouvoir vous appuyer sur d'autres partenaires commerciaux ou bien vendre directement votre produit ou service.

Lorsque vous êtes en position de force, vous pouvez également démarrer en adoptant une **position ferme**, en contestant fortement la proposition de la partie adverse et en s'adressant à lui avec une certaine distance et froideur, **et relâcher progressivement cette pression** en lui montrant finalement une certaine compréhension et sympathie. Un tel virage rendra votre interlocuteur reconnaissant, il sera content que vous ayez néanmoins décidé de le rencontrer à mi-chemin, et sera prêt à accepter les conditions que vous proposez.

La stratégie de la « position de faiblesse »

Il est assez simple d'identifier lorsque vous vous trouvez en position de faiblesse lorsque vous constatez par exemple que l'une des parties prenantes a plusieurs options qui pourraient palier a ses besoins et ou objectifs sans correspondre aux vôtres. Cependant, de votre côté, vous souhaitez absolument arriver à un accord.

Il existe certaines approches qui permettent de modifier ce positionnement. En effet, si vous vous trouvez dans cette situation, vous pouvez envisager de jouer sur trois leviers : établissement de partenariats stratégiques afin de combler vos lacunes, réorientation de votre stratégie en envisageant un changement de produit, ou innovation dans vos processus afin de vous différencier de la concurrence.

Indépendamment des aspects mentionnés ci-dessus, vous devez adoptez une **approche systématique avec une méthodologie concrète** afin d'aborder la négociation de façon optimale qui consiste à :

- ✓ **Bien évaluer la situation** afin de pouvoir identifier les points qui vous positionnent dans cette situation de faiblesse. Ceci implique également l'analyse de la concurrence afin d'identifier les aspects qui vous différencient d'eux et que vous pourrez, par la suite, mettre en avant et utiliser afin de défendre votre dossier. Lors de cette étape, il est important de faire l'exercice d'analyser la situation en se positionnant du point de vue de la partie adverse. Cela vous permettra de trouver des arguments pour défendre votre dossier qui lui sembleront des arguments de poids et qui pourront le mener à changer sa décision.

- ✓ **Bien préparer sa négociation :** Il s'agit d'identifier également les points de force et de faiblesse de l'autre partie. Lors de cette étape, il est important de rester réaliste sur l'atteinte des objectifs que vous recherchez.

- ✓ **Ne pas négliger la partie relationnelle :** Il est important d'établir une relation de confiance avec la partie adverse avec une écoute active concernant leurs intérêts ainsi qu'en adoptant une approche empathique. Par exemple, afin de créer ou développer cette partie relationnelle, vous devez montrer à votre partenaire de négociation que vous avez des points communs : vous pouvez être tous les deux un homme, vous pouvez avoir des enfants ou des animaux, vous pouvez posséder la même marque de voiture ou aimer partir en vacances dans la même région, vous connaissez peut-être les mêmes personnes ou fréquentez le même restaurant, etc. Sachant ce que vous et votre interlocuteur avez en commun, vous pouvez facilement faire passer les négociations du négatif au positif, aplanir les « rugosités » et trouver un terrain d'entente sur les questions en discussion. Rappelez-vous également que vous n'êtes pas le seul à apprendre ou à savoir négocier, ce qui signifie que votre interlocuteur est également tout à fait capable d'utiliser des techniques similaires avec vous. C'est pour cela qu'il est important de connaître ces astuces : si vous comprenez le principe de leur action, vous pouvez toujours reconnaître quand ce genre de stratégie est appliqué.

✓ **Identifier des intérêts communs :** Il est toujours plus simple de démarrer une négociation en identifiant des points de convergence avec l'autre partie, ce qui permettra de bâtir une approche de construction commune.

✓ **Proposer des solutions créatives :** Il est important de mettre en marche notre imagination afin de proposer des solutions innovantes qui puissent être bénéfiques à la partie adverse, tout en répondant également à vos propres intérêts et besoins.

✓ **Trouver des compromis :** Aucune solution n'est parfaite. Essayer de trouver le meilleur compromis qui puisse être acceptables pour vous ainsi que pour la partie adverse. Ceci dit, il est important que vous restiez ferme sur les points les plus importants pour vous sans pour autant avoir une approche trop rigide et laisser place à la négociation.

✓ **Adopter une communication efficace :** Basée sur des messages clairs, en expliquant clairement quels sont vos intérêts et vos positions. Ceci doit, bien entendu, toujours être abordé sans effectuer d'attaques personnelles, en évitant toute réaction émotionnelle et en communiquant avec respect.

En résumé...

En résumé, dans ce chapitre 2.2, retenez, qu'aucun négociateur professionnel ne participera à des négociations sans avoir réfléchi à la manière dont il atteindra ses objectifs, au type de comportement qu'il adoptera et à comment il se comportera en cas d'imprévus. Un négociateur sans stratégie, au mieux, n'obtiendra aucun résultat, et au pire, détériorera considérablement son image ainsi que celle de l'organisation qu'il représente et la placera dans une position extrêmement désavantageuse.

Ainsi, vous avez pu apprendre dans ce chapitre, l'éthique du processus de négociation, les conditions globales de négociation, les caractéristiques des négociations impliquant plus de deux parties et, bien sûr, les stratégies en elles-mêmes. Vous avez découvert les quatre stratégies de négociation de base, leurs forces et leurs faiblesses, ainsi que les situations dans lesquelles elles s'appliquent. Des recommandations sont également données sur le choix d'une stratégie de négociation. Je vais désormais vous présenter les différentes techniques pour réussir toute négociation.

Chapitre 2.3 : Techniques de négociation

L'habileté à négocier est une qualité très importante à posséder, surtout en ce qui concerne le monde des affaires. Maîtriser une telle compétence s'acquiert principalement par la pratique.

J'ai rassemblé pour vous les techniques de négociation les plus efficaces qui sont utilisées par de nombreux négociateurs professionnels, y compris moi-même, puis je parlerai des conditions et des règles pertinentes pour négocier, de la composante non verbale des négociations ainsi que du comportement le plus productif pour les négociations.

Comme illustré sur le **Schéma 7**, voici l'ensemble des techniques que nous allons aborder :

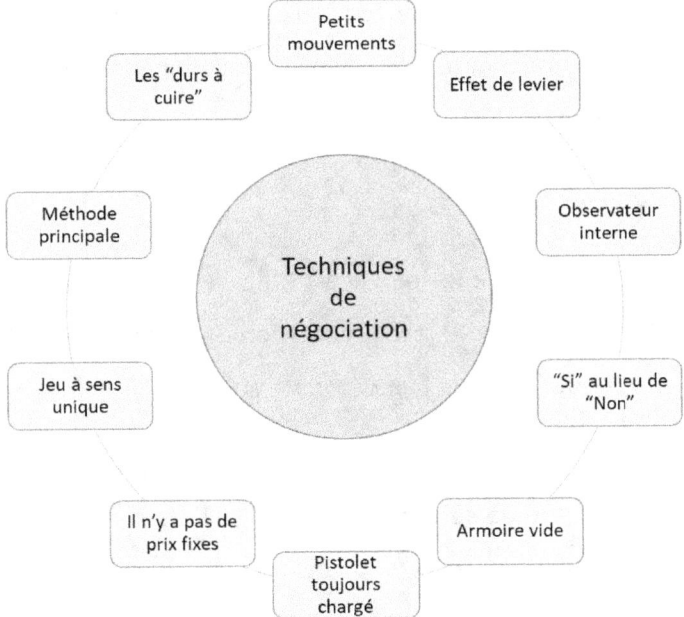

Schéma 7 – Les techniques de négociation

2.3.1 Petits mouvements

La technique des « **petits mouvements** » est une technique de négociation de base. Son essence se résume à suivre le degré de son influence sur la partie adverse en faisant de petits pas et en observant la réaction. Imaginez, par exemple, que vous négociez le prix d'une voiture avec un vendeur. Vous pouvez commencer en demandant une réduction de 10 % sur le prix affiché. Le vendeur pourrait être réticent à vous accorder cette réduction. Au lieu d'insister sur ce point, vous pourriez, par exemple, lui demander s'il pourrait inclure une garantie prolongée. Si le vendeur accepte, vous pouvez ensuite faire une autre demande similaire comme par exemple, que la première révision vous soit offerte. De cette manière, vous pourrez arriver à un accord qui vous conviendra à vous ainsi qu'au vendeur tout en maintenant une relation de collaboration plutôt qu'une confrontation. Cette technique peut éviter d'arriver à une impasse car les deux parties sont plus susceptibles de se sentir à l'aise pour faire des concessions mineures plutôt que des changements majeurs.

2.3.2 Effet de levier

La technique de « **l'effet de levier** » n'est efficace que dans les situations où une partie a la capacité d'influencer la décision de l'autre. Pour illustrer cette technique, vous pouvez utiliser la métaphore suivante :

« Une tortue nage le long de la rivière avec un serpent sur le dos. La tortue pense que si elle rejette le serpent, il la mordra, et le serpent pense que s'il mord la tortue, elle le rejettera. »

Dans ce cas, si l'une ou l'autre des parties se rend compte qu'elle a un avantage de son côté, les négociations constructives peuvent être oubliées.

Les négociations seront de nature manipulatrice, au cours desquelles un interlocuteur fort fait pression sur un interlocuteur faible, en attendant qu'il commence à battre en retraite, ou des négociations avec une stratégie prononcée « Gagnant – Perdant ».

2.3.3 Observateur Intérieur

La technique « **observateur intérieur** » vous permet d'influencer le processus de négociation, mais seulement si vous observez constamment votre interlocuteur, en essayant de déterminer quelle stratégie de négociation il suit.

Si vous êtes sous pression psychologique et que vous essayez toujours de trouver un compromis, votre désir sera perçu comme une faiblesse.

Pendant le processus de négociation, vous devez toujours rester alerte en utilisant votre observateur intérieur, qui vous aidera à comprendre ce qui se passe et ne vous laissera pas perdre de vue le moment où des négociations constructives (stratégie « Gagnant - Gagnant ») se transforment en négociations destructrices.

2.3.4 « Si » au lieu de « Non »

Beaucoup de personnes pensent que les professionnels de la négociation suivent comme règle celle de toujours dire « **Non** ». Or, ceci n'est pas tout à fait vrai : la phrase principale des négociateurs expérimentés est : « **Si... »**.

« Je baisserai un peu le prix **si** vous décidez d'en acheter non pas un... mais deux... »

« **Si** j'achète cet appareil photo, me donnerez-vous un étui ? »

N'oubliez pas : une personne qui dit « Non » a beaucoup moins de chances de gagner qu'une personne qui répond à n'importe quelle question qui lui est posée par une phrase contenant le mot « Si... », et que celle qui utilise « Si... » reçoit souvent une récompense beaucoup plus grande.

2.3.5 Armoire vide

La technique **dite de « l'armoire vide »** est utilisée le plus souvent dans les négociations dont le but est de faire baisser le prix d'un produit ou de réduire le coût d'un contrat. Le sens de la technique est que vous ouvrez mentalement le placard devant votre interlocuteur, montrant que vous n'avez pas le montant des fonds qu'il demande.

Le produit que vous aimez est vendu 5 000 euros, mais vous dites que vous n'avez que 3 950 euros.

En règle générale, le vendeur dans ce cas fait souvent une concession car, si vous n'achetez pas le produit, il se peut qu'il ne le vende pas du tout. Et rappelez-vous une règle importante dans cette technique : vous ne devez pas vous contenter d'une petite remise que le vendeur vous propose. N'oubliez pas : vous n'avez que 3950 euros !

2.3.6 Pistolet toujours chargé

La technique « **Le pistolet est toujours chargé** » est le reflet du grand principe de chasse selon lequel le chasseur traite toujours l'arme comme si elle était chargée, même s'il ne contient pas de cartouches.

Pendant le processus de négociation, formez dans votre esprit l'idée que vous savez déjà que la partie adverse vous a mal compris, et préparez-vous à prendre certaines mesures pour éliminer ce malentendu (pensez à un plan d'actions).

Sur cette base, si, suite aux résultats des négociations, vous constatez que la partie adverse ne vous a vraiment pas compris ou ne vous a pas compris correctement, vous serez déjà prêt pour cela - vous aurez une arme chargée prête – avec un plan d'actions.

2.3.7 Il n'y a pas de prix fixes

La technique « **Il n'y a pas de prix fixes** » est issue de l'économie de marché. Si vous connaissez ce sujet, vous savez certainement que les prix fixes sont un mythe. Les prix sont toujours déterminés par la relation entre l'offre et la demande, ainsi que par le montant que l'acheteur souhaite obtenir.

Toute étiquette de prix a pour but de vous imposer la politique de prix qui convient au vendeur. Vous avez parfaitement le droit de proposer votre propre prix (le vendeur, à son tour, a parfaitement le droit de refuser).

De telles négociations, dans lesquelles vous commencez à négocier, peuvent vous apporter beaucoup plus d'avantages que celles dans lesquelles vous décidez de vous ranger du côté du vendeur.

2.3.8 Jeu à sens unique

Le « **jeu à sens unique** » dit que vous ne pouvez pas faire de concessions ou faire d'offres spéciales jusqu'à ce que vous commenciez à marchander. Toute concession ou offre spéciale que vous faites implique une concession ou une offre spéciale de la part de votre interlocuteur, et l'offre de votre interlocuteur doit être plus rentable que la vôtre.

Lorsque vous obtenez une concession, tenez-la pour acquise et poursuivez les négociations comme si de rien n'était. Votre tâche principale dans le processus de négociation doit être d'atteindre vos objectifs.

Cette technique est très harmonieusement combinée avec la technique « Si » au lieu de « Non ».

2.3.9 Méthode principale

La technique de la « **méthode principale** » vous permet d'atteindre vos objectifs dans les négociations avec un minimum de pertes. Le mandataire est ici la personne qui vous a autorisé à participer aux négociations en son propre nom. Cela peut être votre employeur, votre patron, un ami ou un membre de votre famille.

Dans le processus de négociation, votre interlocuteur doit comprendre que vous négociez au nom d'une autre personne, et aussi que vous avez des conditions spécifiques auxquelles vous ne pouvez tout simplement pas déroger, car vous n'avez pas le droit de le faire.

Dans la plupart des cas, l'utilisation de cette technique confond l'interlocuteur, ce qui l'oblige à accepter les conditions que vous proposez. Veuillez noter que si cette méthode est utilisée contre vous, vous pouvez demander à votre interlocuteur de vous mettre en relation avec la personne au nom de laquelle il négocie.

2.3.10 Les « durs à cuire »

La technique des « **durs à cuire** » est utilisée lorsque les négociations se déroulent avec les durs à cuire eux-mêmes, qui essaient de vous forcer à accepter leurs conditions.

Lorsque votre interlocuteur crie, menace de vous causer des ennuis ou jure dans l'espoir que vous deveniez « mou » et que vous vous conformiez à ses exigences, vous devez rester imperturbable. En aucun cas, vous devez entrer dans une opposition ouverte, ne cédez pas aux émotions, ne commencez pas à discuter sur des questions sans rapport avec le sujet des négociations.

Rappelez-vous toujours que, quel que soit le comportement de votre interlocuteur, cela ne devrait pas affecter le résultat que vous prévoyez d'atteindre grâce aux négociations.

2.3.11 Quelques bonnes pratiques

Pour conclure ce chapitre, permettez-moi de vous dire que toutes ces techniques m'ont toujours été utiles. Outre leur simplicité, toute technique de négociation doit respecter des conditions et des bonnes pratiques que nous abordons tout au long de ce livre.

Une fois abordée les différentes techniques de négociation, il faut savoir qu'il est important d'adopter certaines **lignes directrices de comportements**. En effet, vous devez toujours **veiller à maintenir la bonne volonté et l'équanimité**. Cela vous protégera de toute influence négative, à la fois du côté de votre interlocuteur et du processus de négociation en général. Aussi, **restez toujours attentif et à l'écoute de vos interlocuteurs** en maintenant le contact visuel avec les autres parties, en hochant la tête comme signe d'approbation. Les autres participants prendront cela comme un signal que vous comprenez leur point de vue. Si vous ne comprenez pas ou vous souhaitez avoir des informations complémentaires sur un point particulier, **n'hésitez pas à poser des questions** car cela prouvera aux autres parties que vous souhaitez bien comprendre leur approche et que vous montrez un intérêt sur le sujet. Il est important lors de la négociation de **rechercher des**

points de convergence et des points de vue partagés ainsi que de bien exprimer son propre point de vue pour travailler ensemble sur une solution commune et bénéfique aux deux parties. Finalement, il arrive que les personnes autour de la table de négociation n'expriment pas toujours ce qu'elles pensent, ce qui signifie que vous devez être en mesure de comprendre d'une manière ou d'une autre leurs pensées et leurs sentiments, c'est-à-dire comprendre la communication non verbale.

En effet, les expressions faciales et les gestes des personnes peuvent être considérés comme les indicateurs les plus précis de leur état interne, de leurs désirs et de leurs pensées. Les informations que vous pouvez obtenir de cette manière doivent être considérées comme plus fiables que celles qui vous viennent des paroles de vos interlocuteurs, car dans la plupart des cas, la composante non verbale est contrôlée par le subconscient humain.

Votre succès dans les négociations dépendra non seulement de votre stratégie, de vos techniques et de vos compétences, mais aussi de votre degré à reconnaître les signaux non verbaux. Et cela suggère que pendant le processus de négociation, vous devez faire attention aux postures, aux expressions faciales et aux gestes de vos interlocuteurs, ainsi qu'à surveiller les vôtres.

Si vous comprenez ce que l'interlocuteur vous dit à travers ses expressions faciales, ses gestes et ses postures, vous pourrez déterminer plus précisément sa position, son attitude envers vous ou son désir ou son refus de trouver une solution mutuellement bénéfique.

Voici quelques signaux à considérer :

✓ Si votre interlocuteur ne croise pas ses jambes et ses bras, son corps est dirigé vers vous et ses pieds et ses paumes sont également tournés vers vous, alors il se sent à l'aise, il est amical, vous fait confiance et est prêt à faire des compromis. En revanche, s'il a les jambes et les bras croisés, il est alors dans une position « fermée», ce qui indique son désaccord avec vous, sa méfiance à votre égard, son attitude critique et sa volonté de vous affronter.

✓ Si l'autre partie tape des doigts sur la table, regarde sa montre, piétine ou s'agite sur sa chaise, on peut conclure qu'elle attend avec impatience la fin des négociations.

✓ Si l'autre partie ferme les yeux et se pince l'arête du nez ou se frotte le menton, cela signifie qu'elle est sur le point de prendre une décision et envisage d'autres actions.

✓ Si l'autre partie tient sa main sous son menton et que l'index est étendu le long de la joue, cela peut indiquer qu'elle est critique ou même sceptique à l'égard de ce que vous dites.

✓ Si l'autre partie se frotte la nuque ou se gratte l'oreille, c'est certainement qu'elle ne comprend pas très bien ce que vous attendez d'elle, ou de quoi vous parlez, et qu'elle n'est pas tout à fait sûre d'elle.

✓ Si vous croisez vos mains sous votre menton, en posant vos coudes sur la table et en penchant un peu votre corps vers l'avant, vous montrerez à l'autre partie que vous êtes prêt à l'écouter.

✓ Si vous joignez votre index et votre pouce (ou tous les doigts ensemble) tout en parlant de quelque chose et que vous levez la main au niveau du visage, votre interlocuteur commencera automatiquement à vous écouter plus attentivement.

✓ Si vous serrez la main des deux mains lorsque vous saluez l'autre partie, elle sentira que vous êtes ouvert et sincère.

Ceci peut paraitre insignifiant mais je peux vous garantir que cela a toute son importance lors des négociations. En effet, la lecture des messages verbaux et non verbaux de l'autre partie peut contribuer de façon significative à l'atteinte de nos objectifs.

Les aspects que je vous ai partagé jusqu'à présent sont importants à maitriser mais cela ne vous épargnera pas à faire face aux objections de l'autre partie. Il est donc également nécessaire d'apprendre à les gérer et à les aborder.

En résumé...

En résumé, ce que j'ai appris tout au long de ces années, c'est que si bien la stratégie de négociation indique au négociateur la direction de ses mouvements dans le processus de négociation, alors les techniques sont les méthodes par lesquelles il mettra en œuvre la stratégie choisie. Les techniques sont la tactique principale, et un négociateur ne maitrisant pas de techniques et de méthodes fiables se confrontera à des situations compliquées lors des négociations, d'autant plus si l'autre partie en utilise.

C'est donc pour cela que dans ce chapitre, j'ai parlé des techniques de négociation les plus efficaces : « petits mouvements », « observateur interne », « méthode de l'armoire vide » et autres. Une section distincte est consacrée aux bonnes pratiques pour des négociations efficaces, ainsi qu'à des conseils sur le comportement le plus productif dans les négociations. Malgré la maitrise des techniques existantes, aucune négociation n'est gagnée d'avance. Etudions à continuation comment gérer les objections de l'autre partie.

Chapitre 2.4 : Gérer les objections

Pour toute personne exposée de façon régulière aux négociations, il est extrêmement important de savoir bien adresser le processus afin d'obtenir le résultat requis. Mais les négociations ne suivent pas des règles mathématiques dans la mesure où elles intègrent également des composantes émotionnelles. Aussi, elles touchent souvent les intérêts et les besoins les plus profonds des participants. C'est pour cette raison que les objections surgissent si souvent dans les négociations. La tâche d'un négociateur est de « résoudre » ces objections, c'est-à-dire les minimiser, les repousser ou même en tirer profit. Dans ce chapitre, je vais aborder le sujet des objections, mais comprenons tout d'abord ce qui est à l'origine de ces objections.

Il existe de nombreuses **raisons amenant à des objections**. Cela inclut des positions insuffisamment claires de l'une des parties aux négociations, les doutes quant à l'opportunité de la décision prise et la réticence à faire des concessions.

Aucun négociateur professionnel ne se permettra de négliger l'étape de préparation de la négociation. Il s'efforcera toujours de recueillir des informations sur les autres participants, leurs buts, objectifs, priorités, valeurs, attitudes, style de communication, ainsi que les stratégies de négociation. Avec cela, vous pouvez éviter l'apparition de désaccords et réduire les objections. Et pour être efficace pour parer les objections, vous devez avant tout savoir ce que votre interlocuteur veut réaliser. C'est pour cette raison, que j'insiste sur le fait que vous devez vous préparer soigneusement aux négociations, vous intéresser à absolument tout ce qui peut concerner votre partie adverse afin de pouvoir le « refléter » dans le processus de négociation, comme un miroir, en interagissant avec lui à travers une langue qu'il comprend. Sinon, vous courez le risque de faire certains faux pas qui ne répondraient pas aux besoins de l'autre partie.

Si l'autre partie met en premier lieu les valeurs familiales et tout ce qui concerne sa famille en général, en lui parlant de travail et de succès, vous pouvez tout simplement être désavantagé ; l'autre partie ne vous comprendra pas. Pour éviter de telles situations, vous devez trouver les bonnes questions au stade de la préparation des négociations qui vous aideront à déterminer les principales valeurs, principes et attitudes de votre partenaire de négociation. Si vous répondez aux objections de l'autre partie de la bonne manière, il comprendra que vous avez des valeurs et des priorités similaires, ce qui signifie qu'il sera beaucoup plus facile et plus agréable pour lui d'arriver à un accord avec vous.

Ainsi, si vous avez rassemblé toutes les informations nécessaires sur l'autre partie, vous avez davantage de chance que les négociations aboutissent. Cependant, il ne faut pas se précipiter : car vous devez également comprendre l'essence même du fonctionnement du mécanisme de formation des objections.

2.4.1 Comment les objections sont-elles formées ?

Il arrive souvent que ce qui se passe dans le processus de négociation soit très difficile à expliquer en termes de logique. Par exemple, un participant commence à parler et l'autre, sans aucune raison apparente, commence immédiatement à s'opposer à lui. Un tel désir peut être causé par des éléments non verbaux, comme par exemple des expressions faciales, des gestes ou une posture, l'apparence que l'on veut transmettre comme par exemple, une démonstration de supériorité, une forme incorrecte de présentation des informations ou de fausses notes se glissant dans la voix de l'orateur de temps en temps. Et ici, vous devez comprendre que, quel que soit le contenu du discours d'une personne, le désir de s'opposer à lui sera permanent.

Afin de ne pas entrer dans une telle situation, il est nécessaire d'intégrer ce que l'on appelle un « observateur intérieur » (voir **Chapitre 2.3**) qui regardera non seulement les autres et leur comportement, mais aussi vous-même et votre comportement. Pour apprendre à utiliser correctement et efficacement l'observateur intérieur, vous pouvez surveiller vos discours en réalisant des enregistrements vidéo, solliciter le soutien d'autres personnes, par exemple en demandant à l'un de vos collègues d'enregistrer vos erreurs dans le processus de négociation. La pratique est indispensable ici, mais il est en votre pouvoir d'apprendre à négocier aussi rapidement et efficacement que possible : suivez vos manifestations non verbales, entraînez votre discours, créez une image et formez un style de comportement.

Il arrive aussi qu'une personne suscite une objection par son comportement lorsqu'elle agit selon le concept : proposition - argument - pression. La vente en est un bon exemple. Le vendeur propose un produit à un client, avance un argumentaire fort en disant que, par exemple, ce produit est neuf ou est vendu avec une bonne remise, puis commence à faire pression sur l'acheteur afin que celui-ci lui achète son produit. En conséquence, il y a de fortes chances que l'acheteur écarte le vendeur, dans la mesure où le produit qu'il lui propose ne correspond pas à un de ses besoins réels.

La principale erreur dans cette situation est que le concept de vendeur ne prend en compte que ses propres intérêts et non pas ceux de l'acheteur, d'où les objections.

Si je résume ce dont je viens de parler, je peux conclure que des objections se forment lorsqu'une personne cherche à prouver quelque chose à une autre, en essayant de réfuter sa position et sans prendre en compte quels sont ses intérêts. Même si vous pouvez convaincre votre partenaire et le forcer à prendre une décision qui vous est bénéfique, après réflexion, il y aura de fortes chances qu'il revienne sur sa décision initiale et qu'il ne veuille plus jamais faire d'affaire avec vous.

L'un des participants aux négociations a presque toujours des problèmes spécifiques, qui à un moment ou à un autre, peuvent prendre la forme d'objections. L'autre participant a une excellente occasion d'**éviter que ces objections ne surviennent** en évoquant ces problèmes de lui-même, mais en les présentant comme des points positifs.

Voici un exemple :

Votre entreprise livre la marchandise au client en 45 jours (la marchandise est expédiée de l'étranger et le client devra attendre longtemps). Que pouvez-vous faire dans ce cas ? Dites ce qui suit : « Monsieur, vous comprenez que nous mettons tout en œuvre pour vous fournir uniquement des produits fiables et de haute qualité. Nos partenaires sont une société étrangère dont la production est également localisée à l'étranger. Mais la qualité de nos produits est au cœur de nos valeurs et de notre volonté de satisfaire nos clients. C'est pour cela que nous maintenons notre collaboration avec cette société et que nous préférons livrer sous un délai légèrement supérieur que si nous le faisions avec d'autres partenaires. Nous pouvons envisager de travailler avec un autre partenaire mais il pourrait y avoir un impact sur la qualité du produit. Est-ce que cette option vous conviendrait davantage ? ».

Vous avez donc tourné le problème qui inquiète votre interlocuteur et peut devenir une objection en votre faveur. Mais, en plus de cette technique, vous pouvez utiliser une technique telle que la reformulation (contre-argument), qui consiste à transformer un inconvénient en vertu. Le mot le plus important dans cette technique est le mot « mais ».

Je prends un nouvel exemple :

Vous êtes en retard pour un rendez-vous avec la direction (ce qui n'est bien entendu jamais conseillé), et vous êtes menacé d'un blâme. Que pouvez-vous faire ? Expliquez-vous ainsi : « Je m'excuse de ce retard. Il y a eu un accident sur la route et j'ai dû faire un détour, mais j'en ai profité pour rencontrer nos partenaires et récupérer un rapport sur leurs résultats des ventes du mois. »

Bien sûr, dans ce cas, vous devriez avoir un rapport sous la main. L'inconvénient deviendra votre avantage et, très probablement, votre retard passera presque inaperçu.

L'essentiel dans cette technique est que vous ne devez pas provoquer d'émotions négatives chez votre interlocuteur, afin de ne pas le dresser contre vous avant même le début des négociations.

Il existe également une technique très connue pour éviter les objections. Il s'agit de la **« technique des trois oui »**. Son approche consiste à faire en sorte qu'avant la question principale que vous souhaitez poser, deux questions simples soient posées, questions auxquelles vous avez la certitude que votre interlocuteur répondra par un « oui ». L'art de la négociation, comme vous le savez, est étroitement lié à la psychologie, et il existe des études qui établissent que si une personne a répondu positivement deux fois, alors, il y a de fortes probabilités que cette personne réponde positivement à la troisième question qu'on lui posera. Si vous posez les bonnes questions, vous pouvez amener votre interlocuteur à prendre une décision qui vous conviendra à tous les deux.

Il est important d'apprendre à **travailler avec les objections.** Comme évoqué auparavant, une des « règles d'or » de toute négociation établit que les questions controversées et problématiques doivent être discutées à la fin des négociations, après que des accords sont conclus sur des questions plus simples et que les négociateurs soient intéressés par un résultat positif.

La tâche principale lorsque vous travaillez avec des objections est de comprendre la raison de la réaction négative de l'autre partie. Pour cela, essayez d'analyser ce que dit votre interlocuteur, faites attention à ses expressions faciales, ses gestes, ses postures, ses mouvements. Il est probable que l'interlocuteur ne cache pas ses véritables motivations, mais il faudra s'en assurer.

Les objections et les refus peuvent s'exprimer par des phrases stéréotypées telles que « Il faut réfléchir », « Laissons cette question de côté pour plus tard », « Je t'appellerai », etc. Dans la plupart des cas, ces réponses sont utilisées pour mettre fin aux négociations. Il est très important de comprendre la raison de leurs objections. Par exemple, vous pouvez lui dire :

- Aucun problème ! Pourriez-vous expliquer les raisons pour laquelle cette option ne vous convient pas ?

Après que votre interlocuteur vous a donné une réponse, vous pouvez renforcer votre réponse en disant :

- Est-ce votre seule raison bloquante ?

Si l'autre partie répond positivement, la victoire est entre vos mains à 80% en lui répondant :

- Je comprends parfaitement vos raisons, car il y a quelque temps je voyais moi-même la situation de la même manière que vous, mais depuis, suite aux diverses expériences passées avec mes clients, j'ai réalisé que ...

Dans le cas où les objections de l'autre partie vous conduisent dans une position sans issue, vous ne devez pas non plus vous énerver ni vous décourager. Vous pouvez déclarer assez directement que vous ne savez pas quoi répondre et demander à votre interlocuteur d'expliquer ce qu'il veut. Ainsi, vous montrerez une fois de plus à l'interlocuteur que vous essayez de travailler en tandem et que vous n'êtes en aucun cas intéressé à gagner, mais plutôt à trouver une solution mutuellement bénéfique.

Si votre interlocuteur évoque une objection, vous devez être prêt à traiter cette objection. Pour cela, je vous propose la méthode suivante constituée de cinq étapes qui vous permettra d'y faire face de façon satisfaisante :

Traitement des objections	En quoi consiste-t-elle ?	Bénéfices
Première étape	Comprendre son objectif et lui dire que nous comprenons son point de vue.	Votre interlocuteur vous parlera plus ouvertement.
Deuxième étape	Prononcer le mot magique « seriez-vous d'accord ». Par exemple, vous pourriez dire : « Supposons que nous arrivons à résoudre le problème que vous venez de nous partager, est-ce que dans ce cas vous seriez d'accord de coopérer avec nous ? »	Cela vous permettra de cerner l'objection et délimiter les points bloquants.

Troisième étape	Poser une question pour savoir si c'est le seul problème ou s'il y en a d'autres.	Cela permettra à votre interlocuteur de savoir que vous avez une approche collaboratrice et que vous souhaitez l'aider.
Quatrième étape	Répétez à nouveau discrètement le bien-fondé de votre décision.	Cela permettra de s'assurer que votre interlocuteur comprend également quels sont vos intérêts.
Cinquième étape	Reformuler les objections. L'interlocuteur sait probablement déjà ce qu'il veut mais vous lui demandez comment il aimerait que vous résolviez ce problème, ou ce que vous pouvez faire pour qu'il résolve le problème.	Cela permet de construire une relation basée sur une approche collaboratrice avec une stratégie « Gagnant – Gagnant ».

Tableau 4 – Méthode en 5 étapes pour traiter une objection

Mis à part la méthode ci-dessus, il est important de savoir traiter les objections d'une manière bien précise en suivant certaines règles. Il est nécessaire de :

✓ **Maintenir une attitude positive et utiliser des techniques d'écoute active**. Il ne faut jamais vous engager dans une confrontation directe et il est important de contrôler votre comportement sans manquer de respect lorsque vous réfutez des commentaires. Vous devez vous assurer de conserver un climat de confiance vis à vis de l'autre partie. Pour cela, ne sautez pas aux conclusions et ne présumez pas que l'autre partie n'est pas sincère, à moins qu'il n'y ait de bonnes raisons.

✓ Les objections sont inhérentes à toute négociation. Il faut donc trouver les véritables raisons de ces objections et les évaluer. Pour cela, **regardez les objections du point de vue de l'autre partie** et aidez la dans ses déclarations de commentaires et d'objections, en essayant de penser avec elle dans le même sens et reconnaissez la justesse de l'interlocuteur, mais ce, sur les aspects secondaires.

✓ Poser **des questions de suivi** pour aider à clarifier la situation.

✓ Déterminer les points sur lesquels l'interlocuteur est d'accord, répéter tous les points positifs que l'autre partie a mentionnés et essayer de négocier en fonction de ceux-ci.

✓ Mettre en évidence les **principaux avantages de votre proposition**.

✓ Faire des concessions qui peuvent changer des décisions déjà prises et bien comprendre les limites des concessions qui peuvent être faites.

✓ Utiliser les mots, termes, concepts et expressions que l'interlocuteur utilise.

✓ Soyez précis, clair, concis et précis.

✓ Utilisez les compliments, les approbations et les louanges dans le processus de négociation.

Si vous réagissez aux objections guidées par ces règles, il vous sera beaucoup plus facile de les parer : d'une part, vous vous sentirez vous-même capable de résister à l'emprise émotionnelle, et d'autre part, votre interlocuteur, voyant votre réaction adéquate, positive et professionnelle, sera positivement disposé envers vous, et donc beaucoup plus facile à convaincre.

Pour simplifier considérablement votre travail avec les objections et rendre les négociations plus efficaces, une étape très importante à inclure dans l'étape de préparation des négociations est la gestion des objections. Mais comment s'y préparer ?

2.4.2 Comment se préparer à faire face aux objections ?

Dans cette section, je vous parlerai de certaines des caractéristiques de la préparation à la gestion des objections. De façon classique, le processus de préparation aux objections peut être divisé en deux étapes principales :

- ✓ Identification des objections possibles de la partie adverse,
- ✓ Préparation de vos propres arguments pour faire face aux objections.

Etape 1 : identification des objections possibles

Afin d'identifier d'éventuelles objections de votre interlocuteur, vous devez mentalement vous mettre à sa place en vous posant les questions suivantes :

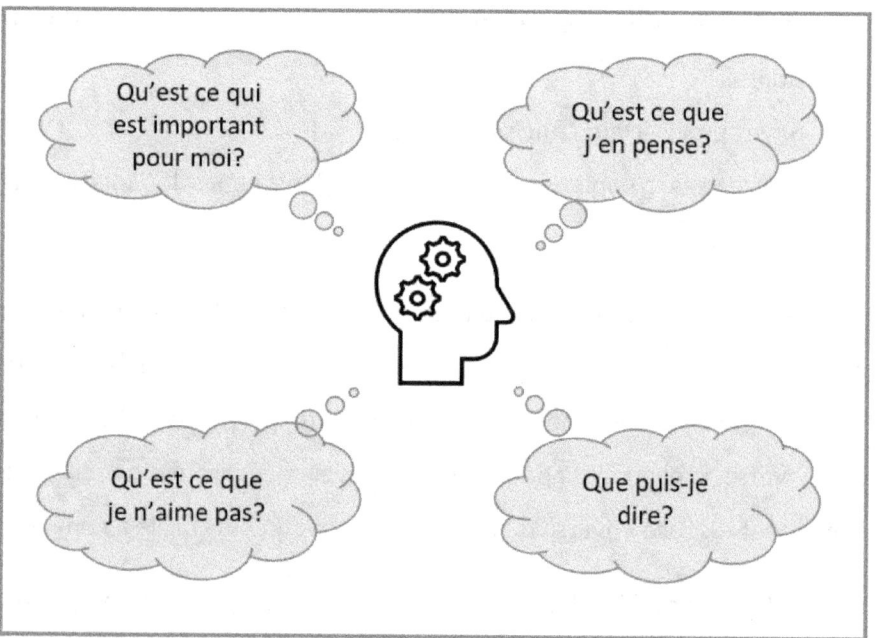

Schéma 8 – Se mettre à la place de la partie adverse

Je souhaite clarifier que lorsque j'utilise le pronom « je », je fais référence à l'une des parties adverses et non pas à vous.

Cette technique est très efficace lorsque vous pouvez impliquer un assistant qui jouera votre rôle pendant que vous jouerez le rôle de votre interlocuteur. Cela vous permet de rapprocher le plus possible la situation de la réalité. Cet exercice peut également être effectué en sens inverse, c'est-à-dire votre assistant devient l'autre partie, et vous, en conséquence, restez vous-même, parant ses objections.

Essayez de faire en sorte que vos négociations soient aussi pleines d'objections que possible afin que vous puissiez bien vous y préparer.

Etape 2 : Préparation de vos propres arguments pour faire face aux objections

Une fois que les exemples d'objections de l'autre interlocuteur sont prêts, vous devez préparer les arguments pour vous aider à surmonter ces objections. Je vous propose d'effectuer un exercice très intéressant, qui vise à développer la compétence de recherche d'arguments dans n'importe quelle situation. C'est ce que j'appelle l'exercice « Fiche d'arguments ».

Toute proposition, avant d'être présentée, doit nécessairement être préparée avec une liste d'arguments indiquant ses avantages.

Tout argument doit donner au négociateur une réponse à la question : « Pourquoi devrais-je accepter cette offre ? ». Cela doit également correspondre à ses besoins, motivations et objectifs profonds, qui doivent être déterminés aux étapes de préparation et de démarrage des négociations.

Vous devez écrire ces arguments sur des cartes séparées et les trier en sections telles que : intérêts organisationnels, intérêts personnels, contexte externe, etc.

L'essence de l'exercice est de développer ces arguments, pour lesquels vous pouvez utiliser le brainstorming, les cartes mentales, les listes de contrôle et d'autres méthodes pour générer des idées et identifier les besoins et intérêts de l'autre partie. On peut démarrer avec une liste d'arguments réduite, créée au tout début, et ensuite l'élargir au fur et à mesure que l'exercice progresse.

Une fois le dossier d'arguments constitué, vous, en tant que négociateur, devez affiner ces arguments, leur donner une forme claire et précise, et les apprendre afin de pouvoir les utiliser à tout moment opportun.

N'oubliez pas : plus votre dossier d'arguments est volumineux, plus vous aurez de chances d'obtenir le résultat dont vous souhaitez dans les négociations. L'exercice sera un excellent élément dans votre préparation aux négociations et à la gestion des possibles objections.

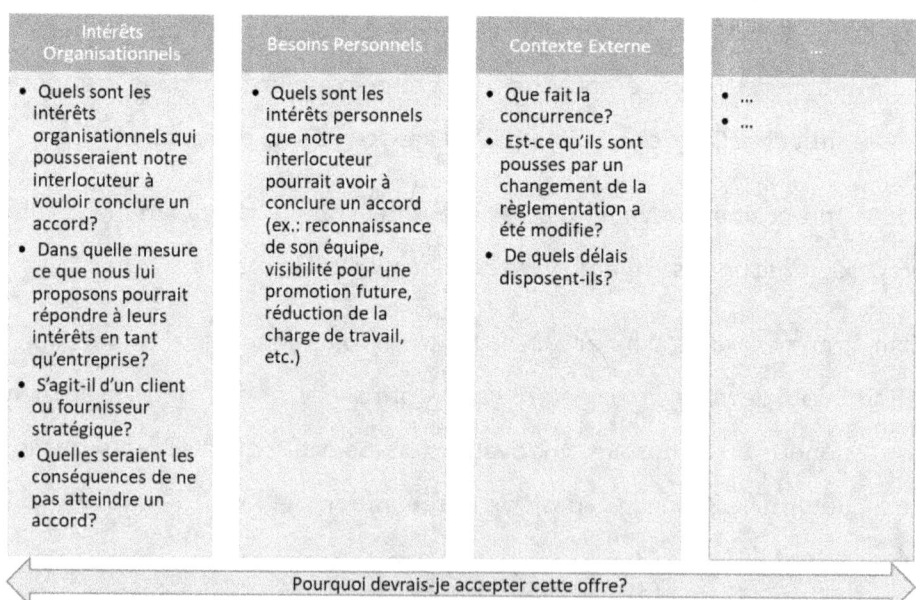

Schéma 9 – Exercice « Fiche d'arguments »

Une bonne préparation pour traiter les objections peut prendre beaucoup de temps, mais cela n'est pas du temps perdu car cela pourra vous apporter des bénéfices significatifs en approchant de façon réfléchie les objections de la partie adverse.

Cependant, dans certains cas, le traitement des objections peut avoir été satisfaisant sans que pour autant, le résultat de la négociation soit réussi. En effet, certaines négociations s'avèrent compliquées et demande une approche et un traitement différent. C'est ce que nous allons analyser plus en détail dans le prochain chapitre.

En résumé...

En résumé, retenez ceci : dans la pratique réelle de la négociation, il y a très peu de cas où les négociations se déroulent « comme sur des roulettes ». Chacune des parties poursuivent dans la plupart des cas leurs propres objectifs, ont leurs propres points de vue, opinions et croyances. Une situation « Gagnant - Gagnant » peut paraître parfois compliquée du fait que l'autre partie soulève très fréquemment des objections. La tâche de chaque négociateur est d'apprendre à travailler avec ces objections.

C'est pour cela que dans ce chapitre, j'ai abordé plusieurs sujets : les causes des objections et le mécanisme de leur formation, comment les objections peuvent-être évitées et quelles techniques sont utilisées pour cela. La section sur la façon de gérer les objections comprend diverses recommandations, ainsi qu'une méthode étape par étape pour les surmonter.

Chapitre 2.5 : Négociations difficiles

Dans de nombreuses négociations, nos interlocuteurs sont guidés par leurs principes, motifs et croyances qui vont à l'encontre des nôtres. Ces personnes essaient d'atteindre leur objectif à tout prix, et ne sont prêts à faire aucune concession. C'est ce qu'on appelle communément la négociation acharnée. Et si vous voulez apprendre à négocier de manière professionnelle, vous devrez également maîtriser les négociations difficiles.

Je vous recommande de rester optimiste, car même si vous n'êtes pas vous-même une personne dure, que vous vous retrouvez souvent désemparé et que vous ne résistez pas très bien à la pression de l'extérieur, vous pouvez toujours apprendre à mener des négociations difficiles. Dans ce chapitre, nous allons voir quelles sont les bases à maitriser afin de pouvoir mener ce genre de négociations.

Commençons par étudier quels sont les outils à notre disposition. Il en existe un certain nombre que vous devez avoir à votre disposition lorsque vous faites face à des négociations difficiles, et ce, afin de maximiser vos chances de réussir votre négociation.

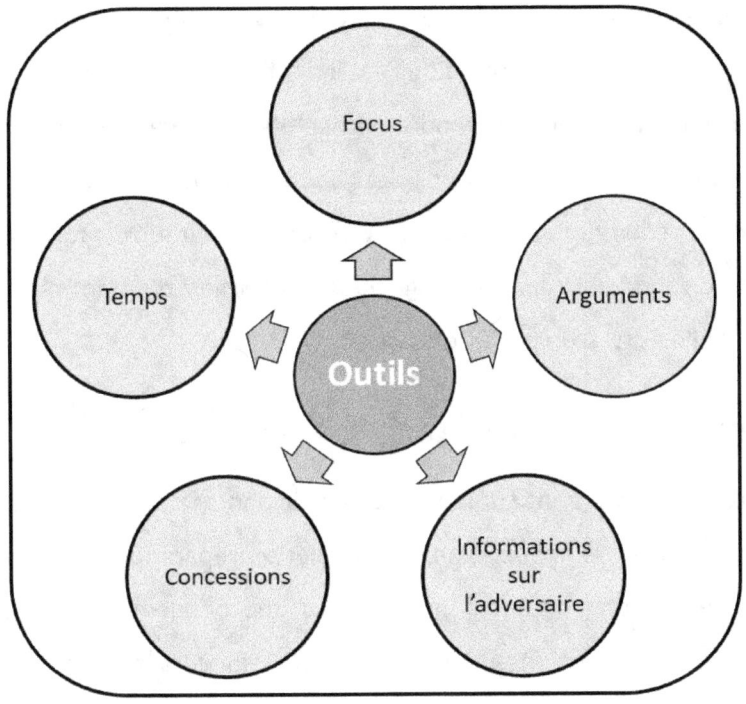

Schéma 10 – Outils pour les négociations difficiles

2.5.1 Focus

Même si les émotions commencent à prendre le dessus, à s'intensifier et l'échange devient de plus en plus difficile, vous devez toujours garder à l'esprit l'image de ce que vous êtes venu négocier en premier lieu. Il arrive qu'un négociateur inexpérimenté vienne aux négociations avec un objectif bien déterminé et qui par la suite soit habilement influencé par un participant plus expérimenté qui finira par lui imposer des objectifs complètement différents. Pour cette raison, vous devez toujours garder clairement en tête les objectifs devant vous et ne vous en tenir qu'à lui.

2.5.2 Arguments

Vous avez besoin d'arguments pour défendre vos intérêts et atteindre votre objectif. Lors de négociations difficiles, les arguments seront vos armes qui vous permettront de vous défendre, car ce n'est qu'avec leur aide que vous pourrez repousser les attaques et contre-attaquer à votre tour. La préparation des arguments est avant tout une préparation informationnelle, et elle joue un rôle clé dans les négociations difficiles, d'autant plus si l'autre partie est elle aussi bien préparée.

2.5.3 Informations sur les autres participants

La collecte d'informations sur les autres participants fait également référence à la préparation de la négociation. Lors de cette préparation, vous devez vous efforcer de collecter autant d'informations que possible : quels sont leurs objectifs, leurs convictions, leurs forces, leurs faiblesses et leurs styles de négociation. Ces informations vous aideront à cibler les méthodes et tactiques qui vous mèneront au succès.

2.5.4 Concessions

En ce qui concerne les concessions, exigez toujours plus que ce dont vous avez vraiment besoin. L'astuce est que si votre interlocuteur abandonne, vous obtiendrez beaucoup plus que ce que vous vouliez, et s'il exerce une pression, vous pourrez faire quelques pas en arrière tout en obtenant ce dont vous aviez besoin. De plus, s'il se sent supérieur, il est probable qu'il baisse un peu la garde, ce qui vous permettra d'en tirer profit.

2.5.5 Temps

Gardez à l'esprit que l'avantage est toujours du côté de ceux qui ont suffisamment de temps à leur disposition, qui ne sont pas limités par des délais et qui peuvent gagner du temps dans le processus de négociation. Dans le cas où votre interlocuteur dispose d'un temps limité, vous pouvez faire légèrement traîner les négociations, ce qui le forcera automatiquement à vous rencontrer à mi-chemin et à accepter vos conditions sans perdre de précieuses minutes. Dans le même cas, si vous êtes vous-même contraint par le temps, ne laissez pas votre interlocuteur en profiter.

Ce n'est qu'après vous être assuré que vous disposez de tous ces outils que vous pouvez commencer à prendre des mesures plus actives pour vous préparer à des négociations difficiles. En d'autres termes, vous pouvez commencer à choisir la stratégie que vous suivrez dans le processus. La stratégie doit être choisie en fonction de votre positionnement de force ou de faiblesse face à l'autre partie.

Déterminez votre stratégie et construisez d'abord un plan de négociation basé sur celle-ci, mais gardez à l'esprit que, selon le déroulement de la négociation, il se pourrait que vous ayez besoin d'en changer. Il faut être en mesure de pouvoir s'adapter, être agile, et reconduire la situation en fonction de l'évolution de la négociation.

Une fois de plus, je tiens à insister sur l'importance de la préparation des négociations. Les négociations difficiles impliquent également une préparation davantage difficile. Il convient donc d'accorder une attention particulière à celle-ci sur laquelle vous devez :

✓ **Déterminer vos forces et vos faiblesses.** Vous devez comprendre ce qui peut être utilisé pour influencer la partie adverse, ainsi que ce avec quoi elle peut vous influencer.

✓ **Établir vos objectifs.** Vous devez nécessairement tracer pour vous-même les limites les plus défavorables et les plus favorables, au-delà desquelles il est inutile de négocier. Cela vous permettra de défendre vos positions sans dépasser les limites acceptables. Il est tout aussi important de comprendre ce que votre interlocuteur attend des négociations.

✓ **Accorder des concessions.** Vous devez déterminer ce que vous êtes prêt à sacrifier pour obtenir le résultat souhaité. Il est préférable d'établir le « prix » que vous êtes prêt à payer avant d'entamer des négociations afin de pouvoir changer une issue défavorable en une issue favorable.

Dans le cadre de cette étape, il ne sera pas de trop de revenir une nouvelle fois sur la définition de la stratégie de négociation, puisque cette question fait également partie de la préparation de négociations difficiles.

Comme indiqué, une stratégie de négociation dure peut-être offensive (stratégie de la position de force) ou défensive (stratégie en position de faiblesse). Il vous faut suivre la méthodologie préconisée à cet effet. Vous devez également être capable de reconnaître les méthodes de manipulation que pourraient éventuellement utiliser la partie adverse.

Dans le domaine de la négociation, la **manipulation** fait référence au contrôle délibéré des actions d'une autre personne par toutes sortes de ruses. Et la manipulation dans les négociations difficiles est loin d'être rare, car les gens peuvent essayer de vous forcer à faire quelque chose qui vous met dans une position délicate et ceci, dans le but d'essayer de vous décontenancer, de vous mettre en colère, de vous faire crier ou bien d'en dire trop.

Si, au cours d'une bataille verbale, vous sentez que vous commencez à agir contrairement à votre volonté personnelle, vos désirs, vos objectifs et vos croyances, alors vous avez commencé à être manipulé. Et le moyen le plus efficace dans une telle situation serait de faire une pause, de « se calmer » et d'essayer de comprendre ce qui se passe. Cependant, il est loin d'être toujours possible de faire telle pause, et il est donc nécessaire de se ressaisir à temps et essayer de retourner la situation en votre faveur.

Lorsque l'autre partie commence à vous poser des questions qui impliquent une réponse délicate de votre part, utilisez une technique simple : répondez ouvertement à la question, en posant immédiatement une question symétrique. Par exemple, ils vous demandent : « Voulez-vous gagner de l'argent ? », et vous répondez : « Bien sûr, nous nous efforçons de gagner de l'argent. N'est-ce pas votre cas ? »

Lorsque vous sentez que vous subissez des pressions ou que vous êtes forcé de faire quelque chose, vous pouvez utiliser une déclaration inattendue comme, par exemple, « Je me sens forcé ». Cette phrase arrêtera instantanément les manipulations de votre interlocuteur, et vous aurez la possibilité de remettre la conversation dans le droit chemin ou même de passer à la contre-offensive.

La chose la plus importante pour contrer la manipulation dans un processus de négociation difficile est de pouvoir garder vos émotions sous contrôle. Lorsque vous menez des négociations difficiles, allumez toujours votre observateur intérieur, qui vous aidera à évaluer la situation et vos actions, ainsi qu'à déterminer la frontière à ne pas franchir afin d'éviter de « danser sur la musique de quelqu'un d'autre ».

Les indicateurs les plus évidents pour identifier que vous avez été manipulé sont le fait de changer vos gestes, de faire des choses inhabituelles pour vous, comme vous frotter les bras et les jambes, vous caresser les cuisses avec les deux mains ou taper du pied. Dès que vous remarquez que vous faites de tels gestes, prenez conscience que vous êtes dans une position délicate (c'est à ce moment-là qu'il faut faire une pause dans les négociations).

Il est assez facile de résister à la manipulation si vous apprenez à identifier les moments où l'autre partie essaie de vous contrôler en activant votre observateur interne et en ayant une surveillance systématique de votre état interne et de vos manifestations non verbales. N'hésitez surtout pas à faire une pause afin de récupérer le contrôle de la situation.

Préparez-vous à faire plusieurs erreurs avant de les maitriser pleinement. C'est un processus que vous apprendrez à maitriser progressivement.

Il est toujours souhaitable de tenter de convertir des négociations difficiles en négociations collaboratives, et ceci convient particulièrement dans les situations où la relation avec la partie adverse est importante pour vous et où vous avez l'intention de coopérer avec elle sur du long terme.

Pour **fluidifier une négociation**, il faut d'abord être ouvert à son interlocuteur, et aussi savoir faire preuve de souplesse dans le processus d'interaction. Pour que l'interlocuteur comprenne votre humeur, indiquez d'abord le plus clairement possible votre position sur la situation actuelle, essayez de discuter avec lui de sujets neutres afin de trouver un terrain d'entente. Dans le cas où vous voyez un interlocuteur pour la première fois, il ne sera pas de trop de parler brièvement de vous et de l'organisation que vous représentez. Ne faites pas une présentation officielle des négociations : restez détendu, mais évitez la familiarité.

Une bonne étape vers l'apaisement des négociations difficiles est de demander de l'aide ou une faveur, par exemple. La psychologie des gens est telle que ceux qu'ils aident sont inclus dans leur liste dite « spéciale ». Même une simple banalité peut surgir ici : au début des négociations, demandez à votre interlocuteur de vous remettre un morceau de papier ou un stylo de la table voisine. La conversation commencera immédiatement d'une manière différente.

Si, à tout prix, vous devez dire « non » à votre interlocuteur, il vous faudra faire preuve de tact, en essayant de ne pas heurter les sentiments de votre interlocuteur. En cas de refus, donner des raisons neutres. Il serait même préférable de dire que ce sont vos conditions qui ne permettent pas de conclure un accord.

Ces techniques pour aplanir les négociations difficiles, comme vous pouvez le constater, sont extrêmement simples. N'oubliez pas que vous n'avez jamais besoin de compliquer quoi que ce soit, et plus votre comportement est simple et naturel, même dans les négociations les plus difficiles, plus il vous sera facile non seulement de les aplanir, mais aussi d'atteindre votre objectif et même de trouver un partenaire bon et fiable pour les nombreuses années à venir. Mais vous ne devez pas non plus perdre la vigilance, car tous vos interlocuteurs ne seront pas configurés de la même manière que vous. Les négociations difficiles sont dites difficiles car, si vous hésitez une seconde et perdez le contrôle, vous pouvez très rapidement perdre ce que vous avez achevé jusqu'à ce moment-là.

En résumé...

En résumé, nous pouvons à tout moment être confronté à des négociations difficiles, qui se caractérisent par une aggravation de la situation, des explosions émotionnelles, une coloration mentale défavorable, et, dans certains cas, par une manipulation par les parties. Quelles que soient les raisons et les circonstances menant à des négociations difficiles, vous devez être en mesure de les mener à bien.

Ainsi, dans ce chapitre, j'ai traité en détail le sujet de la négociation difficile. Vous avez appris les outils pour les gérer, le comportement à adopter lorsque l'on fait face à ce genre de négociations, comment s'y préparer, quelles sont les techniques pour influencer l'autre partie, et comment lisser les négociations difficiles.

PARTIE 3 : LES ERREURS DE NEGOCIATION QUI M'ONT COUTÉ CHER

Malgré mon expertise dans le domaine de la négociation, il m'est arrivé (et m'arrive encore) de commettre des erreurs. Par exemple, un jour, lors d'une négociation d'un nouveau contrat avec un client, j'ai voulu être trop ambitieux et gourmand, jusqu'au point où le client s'est levé et a quitté la salle. Je n'avais pas bien mesuré la limite des choses et j'avais échoué dans ma négociation. Cette erreur m'a coûté beaucoup d'argent et j'ai également perdu le respect de ses collègues. J'ai appris une leçon précieuse ce jour-là : il est nécessaire de bien mesurer le « **prix de réservation** », c'est-à-dire le prix à partir duquel notre interlocuteur préfèrera ne pas conclure d'accord car il estime que le prix à payer est supérieur aux bénéfices qu'il pourrait obtenir en optant pour son plan B. Nous en revenons donc ici à l'importance du travail de préparation de la négociation, afin de bien étudier tous ces aspects et pouvoir en prendre sa juste mesure.

Suite à cet échec, j'ai abordé de façon détaillée et approfondie comment commencer les négociations et quels comportements adopter afin de maximiser le pourcentage de réussite. Il est dorénavant temps de parler de ce qu'il ne faut pas faire pendant les négociations. Le risque « zéro » d'erreurs n'existant pas, il est tout de même important de connaitre celles qu'il faut à tout prix éviter. Je les aborde au cours de ce chapitre.

Chapitre 3.1 : Erreurs courantes de négociation

Voici les erreurs les plus souvent commises que nous allons parcourir dans ce chapitre :

Erreurs courantes de négociation	
Se détourner du chemin prévu	L'espoir de l'improvisation
Penser pour les autres	Négocier sur le territoire de votre interlocuteur
Agir selon la raison	Aller droit au but
Ne pas obtenir de résultats	Être frustré de perdre l'initiative
Céder à la peur	Exercer une pression
Ignorez vos erreurs	Surestimer vos avantages
Se disputer pendant les négociations	Dépasser les limites
Combattre la résistance	Avoir l'air d'un gagnant
Transformez les négociations en une présentation	Être trop compétent

Tableau 5 – Erreurs courantes de négociation

3.1.1 Se détourner du chemin prévu

Parallèlement au fait qu'au stade préparatoire, vous élaborez un plan d'action, votre interlocuteur en fait de même. Cela signifie que non seulement vous, mais aussi vos interlocuteurs seront préparés pour les négociations, et deux plans d'action (le vôtre et celui de la partie adverse) ne coïncideront probablement pas.

N'oubliez pas que votre plan de négociation est votre ligne directrice qui vous aidera à atteindre l'objectif que vous vous êtes fixé. Bien entendu, au cours de la négociation, vous pourrez modifier votre plan en y ajoutant ou en excluant des éléments, mais la base doit être constante. Vous ne devez pas vous égarer, vous éloigner du chemin prévu au risque de vous retrouver dans des situations où il sera difficile de choisir votre chemin.

Vous ne devez pas adopter dès le début une position fixe, car votre tâche en tant que négociateur est de trouver une solution mutuellement bénéfique. Votre plan doit inclure autant de scénarios ou options possibles. Cela vous donnera de la flexibilité, car vous aurez plusieurs chemins pour atteindre votre objectif. N'oubliez pas que l'improvisation dans les négociations est une démarche risquée, c'est pourquoi vous devez suivre votre ligne directrice.

3.1.2 Penser pour les autres

Dans de nombreuses occasions, un négociateur a tendance à penser pour l'autre partie. Le plus souvent, cela se produit lorsque votre interlocuteur est hostile ou n'accepte tout simplement pas les conditions proposées par les autres parties. Penser pour une autre personne signifie prendre une décision pour elle. Mais ceci est une très mauvaise approche car tout le monde peut voir une même situation de façon très différente. Vous n'êtes pas dans la tête de l'autre partie pour savoir comment elle fait face ou elle aborde une situation déterminée. Si vous pensez pour les autres, cela peut également être un indicateur de votre fixation sur vous-même, et les négociations dans ce cas ne mèneront nulle part.

Sur cette base, gardez toujours à l'esprit une pensée simple : lors d'une négociation, votre interlocuteur aura certainement un point de vue qui ne coïncidera pas avec le vôtre. Et l'approche professionnelle dans les négociations, passe par le fait de comprendre la position de votre interlocuteur et de proposer des solutions basées sur des intérêts communs. Pour cela, il ne faut pas hésiter à poser toutes les questions nécessaires qui nous mènerons à bien identifier et comprendre ses intérêts.

3.1.3 Agir selon la raison

Il ne faut pas oublier que tous les participants aux négociations sont des personnes, des êtres humains qui ne peuvent être détachés de leurs émotions. Les émotions sont l'un des traits de personnalité de chacun de nous, et les décisions peuvent être prises en fonction de ces émotions, même si elles sont également basées sur une approche rationnelle. Et agir en prenant en compte exclusivement l'aspect rationnel ou logique des choses n'est pas toujours correct. En effet, un tel comportement est mécanistique, mais l'interaction humaine n'est pas seulement la présentation et le traitement des données de façon mécanique. Elle inclut également une composante émotionnelle qui impacte la prise de décision et les choix que l'on fait.

Votre communication avec votre partenaire doit être animée, modérément émotionnelle, remplie de descriptions et bien imagée afin d'intégrer cette composante dans vos échanges, ce qui aidera à trouver une solution qui puisse convenir aux deux parties.

3.1.4 Ne pas obtenir de résultats

La partie la plus importante des négociations est d'obtenir un résultat. Ce résultat peut être positif ou négatif. Les négociations sont considérées comme efficaces si, à la suite de celles-ci, vous avez reçu une réponse claire et précise, peu importe si c'est « Oui » ou « Non », car le refus est aussi un résultat en soi. Dans les cas où le résultat n'est pas définitif, les négociations doivent se poursuivre jusqu'à ce qu'il le devienne.

Cependant, vous avez pu percevoir comment certaines négociations potentiellement réussies deviennent infructueuses. Par exemple, lorsque vous avez eu une conversation agréable avec la partie adverse et que vous avez dégusté un délicieux café, mais rien n'en est sorti. Si la négociation se termine par un échange comme : « Appelons-nous » ou « Revoyons-nous », vous pouvez considérer que vous avez échoué. Essayez toujours d'obtenir des réponses précises à vos questions, même négatives, car l'amère vérité vaut mieux que le doux mensonge.

3.1.5 Céder à la peur

Beaucoup de gens sont très fortement influencés par les émotions, et les émotions, comme vous le savez, interfèrent assez souvent avec la réflexion sensée et la prise de bonnes décisions. Les interlocuteurs n'hésitent pas à les utiliser lors des négociations. L'une des émotions les plus fortes est la peur, et cette peur peut ruiner toutes les négociations. Mais la peur commence à prévaloir lorsqu'une personne ne sait pas exactement ce qu'elle veut.

Pour que la peur ne vous submerge pas, vous devez comprendre ce que vous voulez accomplir grâce aux négociations. Votre objectif vous donnera la force de surmonter les peurs et les difficultés. Bien étudier quelles sont vos autres options en cas d'échec de la négociation vous aidera à prendre le recul nécessaire pour aborder la situation avec plus de sérénité et cela vous aidera à relativiser.

3.1.6 Ignorer vos erreurs

Quelle que soit l'évolution de la situation, vous devez toujours être honnête avec vous-même. Si vous faites une erreur, ne rejetez pas la faute sur d'autres personnes et/ou sur les circonstances. Ce que vous faites dépend uniquement de vous, et non de facteurs externes.

Si tout votre comportement est basé sur le fait que quelqu'un ou quelque chose est responsable de vos erreurs, lacunes, échecs et défaites, mais pas vous, vous ne serez pas en mesure d'apprendre de vos erreurs. La capacité d'admettre ses erreurs et de se regarder avec un œil critique est une des qualités d'un bon négociateur.

3.1.7 Se disputer pendant les négociations

Vous connaissez peut-être bien la situation où, au cours du processus de négociation, un interlocuteur dit à un autre, que des concurrents lui ont fait une offre plus intéressante. Dans la plupart des cas, il ne s'agit que d'une astuce dont le but est de confondre une personne et de faire des concessions. Malgré cela, au lieu de le comprendre, les gens commencent à se disputer, à affirmer que leur offre est meilleure, ou même à parler de manière peu flatteuse des concurrents. Ceci est à éviter.

Un objectif que vous devez atteindre doit toujours être présent dans votre esprit et vous devez vous efforcer de prendre une décision mutuellement bénéfique. Les différends ne font qu'exacerber la confrontation entre les personnes, affectant de façon très négative la possibilité de coopération. Par conséquent, même si l'autre partie essaie de vous déstabiliser, prenez du recul par rapport à la situation et argumentez constructivement votre réponse, en mettant fin à la dispute avant même qu'elle ne commence. Après cela, vous pouvez appliquer la technique « Oui, et ... », lorsque vous êtes d'accord avec l'interlocuteur et toujours exprimer votre point de vue en argumentant avec les éléments nécessaires.

3.1.8 Combattre la résistance

Une situation courante pour les négociations est que l'un des opposants dès le début commence à réfuter les propositions de l'autre, entrant dans une opposition ouverte. La mauvaise approche à adopter face à ce genre de situation est celle de la confrontation réciproque, ce qui provoque une tension croissante, une hostilité mutuelle et une réticence à rechercher des moyens constructifs de résoudre le problème.

Le comportement correct consiste d'abord à découvrir la raison de l'humeur négative de votre interlocuteur, en utilisant des méthodes d'écoute active et des questions directes à cet effet. En découvrant la cause de l'insatisfaction et les besoins ou intérêts fondamentaux de la contrepartie, vous pouvez trouver des contre-arguments appropriés qui vous permettront de retourner la situation en votre faveur.

3.1.9 Transformer les négociations en une présentation

Le processus de négociation peut nécessiter une certaine forme d'affichage visuel, et des tableaux ou des graphiques. Cependant souvent, les présentations soulèvent des questions supplémentaires et de nombreuses objections, ce qui peut transformer des négociations tout à fait ordinaires en négociations difficiles.

Ainsi, même si vous devez préparer une présentation, vous ne devez pas y consacrer trop de temps. Préparez les supports visuels les plus simples et concentrez-vous sur la planification et l'élaboration d'éventuelles objections. Votre discours peut en dire beaucoup plus sur vous et votre proposition à votre interlocuteur que la présentation en soi.

3.1.10 L'espoir de l'improvisation

Naturellement, la capacité d'improvisation est très précieuse lorsqu'il s'agit d'interactions interpersonnelles, y compris pendant les négociations, mais en aucun cas vous ne devez vous fier uniquement à votre ingéniosité et à votre capacité à improviser. Si vous ne comptez que sur cela, les négociations peuvent devenir pour vous une véritable épreuve, et il n'est pas certain que vous la réussissiez.

Une faible attention accordée à la préparation fera comprendre à votre interlocuteur que vous ne maîtrisez pas le sujet qui fait l'objet de la négociation. Il ne lui sera pas difficile de vous submerger de questions ou termes qui vous perturberont et vous rendront moins confiant.

3.1.11 Négocier sur le territoire de votre interlocuteur

L'une des principales règles tacites des négociations est la suivante : si vous êtes venu aux négociations dans les locaux de l'autre partie cela signifie que vous êtes plus intéressé à résoudre le problème. En d'autres termes, celui qui reçoit la partie adverse est dans son territoire et a psychologiquement un pas d'avance sur l'autre partie. Et si vous avez initialement accepté de vous rendre, par exemple dans leur bureau, il sera compliqué par la suite d'inverser la situation.

Afin de ne pas donner d'avantages territoriaux à l'autre partie lors des négociations, vous devez dès le début insistez pour que les négociations aient lieu, si ce n'est sur votre territoire, du moins sur un territoire neutre. Mais gardez également à l'esprit que si vous exprimez vous-même votre volonté de venir à une rencontre avec une personne, vous montrerez par là qu'elle est importante pour vous. Il faut donc bien analyser le pour et le contre de cette décision.

3.1.12 Aller droit au but

Si, dès la première minute des négociations, vous commencez à parler de vos objectifs, alors vous transmettrez l'image d'être quelqu'un qui ne s'intéresse qu'à l'obtention d'un gain personnel. Même si vous le faites pour gagner du temps, votre interlocuteur en prendra note et cela ne sera pas forcément positif pour vous.

Pour cette raison, il est préférable de commencer les négociations par une conversation sur un sujet quelconque, neutre, qui ne fait pas l'objet de la négociation que vous vous apprêtez à entamer. Par exemple, vous pouvez parler de l'intérieur de la pièce dans laquelle vous vous trouvez, le bon emplacement des bureaux, etc. Cependant, soyez vigilant et ne tergiversez pas en bavardant sur quoi que ce soit. Faites une brève discussion de quelques minutes sur un sujet neutre et passez ensuite au sujet des négociations. Un excellent coup tactique consiste à dire que vous êtes limité dans le temps.

3.1.13 Être frustré de perdre l'initiative

Au cours des négociations, vous pouvez être hésitant, transférant ainsi l'initiative à la partie adverse. Mais ne vous inquiétez pas, parce que cela a également des avantages. Vous avez une occasion supplémentaire d'écouter les idées de votre homologue, ainsi qu'un peu de temps pour réfléchir aux prochains mouvements. De plus, si votre interlocuteur parle ouvertement, il sera plus disposé envers vous.

Lorsque ce sera à votre tour de parler, vous comprendrez d'une part plus clairement ce que l'interlocuteur attend de vous, et de l'autre, vous saurez davantage quoi dire ou quel élément soulever.

3.1.14 Exercer une pression

Bien sûr, vous pouvez facilement prendre la position d'un « agresseur » dès le début : bombarder votre interlocuteur avec un tas de concepts et de graphiques, montrez comment vous comprenez la terminologie, attaquez avec des questions sans fin, etc. Mais cette méthode est à éviter. Il est tout de même important de savoir que l'emplacement physique que chaque partie a dans une salle de réunion joue un rôle important dans les négociations. En effet, dans le cas d'une confrontation, il est conseillé de s'asseoir en face de l'interlocuteur, et dans le cas d'une conversation avec une approche collaborative ou l'on recherche un accord mutuellement bénéfique pour les deux parties, il est recommandé de vous asseoir à côté de votre interlocuteur.

3.1.15 Surestimer vos avantages

Faites très attention aux situations où vous avez l'impression d'être dans une situation gagnant-gagnant. C'est dans de telles situations qu'un interlocuteur rusé peut commencer à « faire pression sur la pitié », en faisant appel à la compassion et en utilisant des mots ou des tactiques qui vous mèneront à faire inconsciemment des concessions.

Je répète encore une fois : écoutez attentivement votre interlocuteur et faites attention aux changements dans son comportement, ses émotions, son langage corporel, même ce qui peut paraitre insignifiant. S'il est acceptable pour vous de faire quelques compromis, alors vous pouvez faire un « geste de bonne volonté », mais ne laissez pas les « brebis déguisées en loup » vous manipuler.

3.1.16 Dépasser les limites

Certaines personnes, voulant rendre les négociations moins formelles et libérées, outrepassent les limites admissibles, et éliminent toute opportunité de succès. Ils peuvent, par exemple, inviter un homologue à un sauna ou commander de la «vodka pour se réchauffer» lui donnant rendez-vous dans un restaurant. Votre interlocuteur peut considérer ces méthodes comme inacceptables, et au lieu de construire votre relation pour aboutir à un partenariat ou collaboration, vous obtiendrez une personne qui ne veut rien avoir à faire avec vous.

Pour la même raison, lors de la préparation des négociations, vous devez collecter autant d'informations que possible sur votre interlocuteur, y compris ses préférences, ses passe-temps, ses intérêts, ses valeurs morales, ses priorités de vie, etc.

3.1.17 Avoir l'air d'un gagnant

Personne ne contestera le fait qu'entamer des négociations en étant sûr d'avoir raison est une bonne attitude. Cependant, en aucun cas vous ne devez montrer à votre interlocuteur que vous sentez que vous avez gagné d'avance. La pire chose qui puisse arriver est que vous soyez perçu comme une personne trop sûre d'elle. Toutes les personnes sont différentes, et en cela, dans l'ensemble, il n'y a rien à craindre. Mais sachez que vous n'irez pas bien loin si l'interlocuteur pense que vous le négligez ou ne le respectez pas comme il se doit.

Votre comportement, même si vous êtes quasiment sûr que vous obtiendrez votre objectif, doit être compréhensible pour votre partenaire de négociation. Il doit être respectueux et amical. Ce n'est que dans ce cas que vous pourrez compter sur la compréhension mutuelle et la réalisation du résultat souhaité.

3.1.18 Être trop compétent

Malgré le paradoxe apparent, trop d'expérience de négociation pourrait être la raison pour laquelle vous perdiez les négociations. Cela se produit lorsque le négociateur est trop confiant dans sa compétence et son professionnalisme.

Une telle personne entre dans la salle des négociations en oubliant complètement ce que sont la vigilance, les erreurs les plus simples et la prudence. De ce fait, même un débutant, en étant plus, attentif et réceptif à ce qui se passe, pourra contourner ce « maître ».

Même si votre expérience est vraiment vaste et extraordinaire, rappelez-vous qu'il est courant de commettre des erreurs et que vous n'êtes pas une exception. Restez toujours vigilant et traitez toutes vos négociations comme s'il s'agissait de votre première.

Cette liste d'erreurs de négociation typiques n'est, bien entendu, pas exhaustive mais constitue une liste des plus courantes.

Mis à part les erreurs énumérées précédemment, j'ai considéré important de faire un focus sur les erreurs de communication car celle-ci est au cœur de toute négociation et interaction humaine.

En résumé...

En résumé, tout le monde a tendance à faire des erreurs en s'engageant dans une activité, et le domaine des négociations n'en fait pas une exception. La raison des erreurs peut être l'inexpérience du négociateur, une attention insuffisante accordée à la préparation des négociations, une confiance en soi excessive ainsi que d'autres nuances. Mais la raison la plus courante est l'ignorance des erreurs commises dans le processus de négociation.

Dans ce chapitre, je vous ai donc fait découvrir les erreurs les plus courantes en négociation et comment les éviter.

Chapitre 3.2 : Erreurs de communication

Comme les erreurs courantes, les erreurs de communication peuvent être nombreuses au cours d'une négociation. Voici, à mon sens, celles qui méritent une attention particulière.

Erreurs de communication	
Inattention	Interrompre les autres
Un grand nombre de questions	Intransigeance
Longues pauses	Conversations sur des sujets indésirables
Discours monotone	Ennui
Expression faciale inappropriée	Indifférence

Tableau 6 – Erreurs de communication

3.2.1 Inattention

Dans le processus de négociation, de nombreuses personnes ne prêtent pas l'attention voulue aux autres parties prenantes. En règle générale, ils réfléchissent à ce qu'ils vont dire eux-mêmes ou choisir les bons mots, ce qui leur fait manquer beaucoup de détails importants.

Une écoute attentive et active vous permettra d'obtenir autant d'informations que possible, ce qui sera de grande aide pour atteindre votre objectif, trouver des intérêts communs et conclure l'affaire. Il est recommandé de parler avec l'interlocuteur de ce qui l'intéresse avant tout.

3.2.2 Un grand nombre de questions

Bombarder votre interlocuteur de questions afin d'en apprendre le plus possible de lui ne vous servira pas à grand-chose. Un grand nombre de questions posées à l'autre partie fait que les négociations ressemblent davantage à un interrogatoire. À cela, nous pouvons ajouter que de nombreuses questions peuvent simplement éloigner une personne du sujet principal de la conversation, ce qui n'est pas recommandé.

Même si vous avez beaucoup de questions, posez-les de manière concise. Laissez l'interlocuteur vous poser à son tour des questions afin de construire un dialogue d'échange constructif.

3.2.3 Longues pauses

Il existe des situations, où vous devez poursuivre la conversation, mais vous ne trouvez pas de sujets appropriés, raison pour laquelle de longues pauses se produisent. Il faut éviter que ses longues pauses s'installent car plus la pause sera longue, plus cela sera compliqué de reprendre la conversation.

Pour cela, vous pouvez parler d'un film que vous avez récemment regardé, mentionner un livre que vous avez commencé à lire, discuter d'un artiste musical, d'un voyage pour les prochaines vacances (en essayant d'aborder des sujets qui intéresseront votre interlocuteur).

3.2.4 Discours monotone

Dans de nombreux cas, la manière dont les choses sont exprimées a plus de valeur ou d'impact que le message en soi. Réfléchissez à la façon dont vous-même percevez l'orateur lorsque dans une conversation il gesticule, change d'intonation, plaisante, etc... De même, comment percevez-vous le même grondement monotone sur une note ? C'est à peu près la même chose que de frapper sur la même touche de piano : à partir d'une telle « œuvre » musicale, vous commencerez à vous endormir ou même à vouloir partir.

Alors apprenez l'art oratoire : votre discours doit être beau, varié, vivant, pas trop rapide et, surtout, clair.

3.2.5 Expression faciale inappropriée

Certaines personnes mènent parfois leur discours en dégageant un visage ferme, éteint. Lors d'une négociation, l'expression faciale de l'orateur est un des éléments à ne pas négliger.

En effet, un sourire peut réduire la probabilité de situations de conflit et de différends, ainsi que l'émergence de désaccords et d'hostilité.

3.2.6 Interrompre les autres

Interrompre les autres est l'une des erreurs de communication les plus courantes dans les négociations et en même temps un indicateur de manque total de respect.

Il faut toujours supposer que tous les participants aux négociations doivent pouvoir exprimer leurs pensées. Pour cette raison, interrompre quelqu'un qui parle est tout simplement inacceptable pour un bon négociateur.

Vous devez être capable de trouver un équilibre entre le moment où vous parlez et le moment où vous écoutez. Si vous êtes sûr de devoir insérer votre mot maintenant, attendez le moment où l'interlocuteur fait une courte pause et entrez avec tact dans la conversation.

3.2.7 Intransigeance

Adhérer à la position d'une personne qui ne se trompe jamais est un comportement indigne d'un maître de la communication. Le but des négociations ne doit pas être une défense irréconciliable de son point de vue, mais la recherche de solutions qui tiendront compte des intérêts de l'interlocuteur ainsi que des vôtres.

L'intransigeance dans une conversation, d'une part, expose l'orateur comme une personne arrogante et sûre d'elle avec qui on n'a pas vraiment envie de traiter, et d'autre part, cela exclut complètement la possibilité de construire une conversation informelle. Cela devient même la cause de désaccords et de conflits.

3.2.8 Conversations sur des sujets indésirables

Lorsque la conversation tourne vers des sujets indésirables, elle devient plus tendue et l'interlocuteur peut facilement se désintéresser. Les sujets qu'il vaut mieux éviter comprennent les problèmes au travail, dans votre vie personnelle et tout autre sujet contenant de la négativité.

Si la conversation tourne autour d'un sujet non lié à la négociation, il sera plus efficace et professionnel de parler de quelque chose, de positif ou drôle. Vous pouvez raconter, par exemple, une anecdote, un incident amusant de la vie ou simplement parler de quelque chose qui sera agréable pour vous et votre partenaire de négociation. Votre communication doit être légère et humoristique (avec modération, bien sûr).

3.2.9 Ennui

Il peut arriver que vous ne remarquiez même pas que vous parlez de sujets complètement inintéressants pour votre interlocuteur, qui peuvent concerner à la fois le sujet principal des négociations et une conversation abstraite.

Dès que vous remarquez que votre interlocuteur commence à montrer des signes d'ennui, par exemple en bâillant, en regardant autour de lui ou autre, changez immédiatement de sujet de conversation. Prenez la conversation dans une direction différente, touchez à d'autres détails du projet, etc. Il est très utile de connaître les caractéristiques personnelles de votre interlocuteur, ses intérêts et, bien entendu, les principaux objectifs qu'il cherche à atteindre dans cette négociation.

3.2.10 Indifférence

Lorsqu'une personne commence à partager ses sentiments et ses expériences avec vous, vous devez lui montrer votre intérêt sur le sujet qu'il partage avec vous. Cela est particulièrement vrai lors des négociations dans lesquelles vous êtes extrêmement intéressé à la fois par le résultat et par les relations avec votre interlocuteur. Si, en réponse à sa tirade, l'interlocuteur n'entend que du silence ou voit votre expression terne, il perdra instantanément tout intérêt à communiquer avec vous.

L'indifférence aux paroles de l'interlocuteur parle d'indifférence à lui-même, et, de façon générale, les personnes n'aiment pas communiquer avec ceux qui ne se soucient pas d'eux. En conséquence, vous comprendrez que le résultat ne sera probablement pas atteint et que vous ne pourrez pas entretenir de relations avec votre partenaire.

En étant conscient de ces erreurs de communication, vous pourrez non seulement les éviter et rendre vos négociations plus productives, mais également mieux adresser votre communication avec votre entourage de façon générale

Finalement, je vais aborder dans le prochain chapitre quelques erreurs spécifiques au processus de négociation à ne pas négliger.

En résumé...

En négociation, les erreurs de communication sont courantes et peuvent avoir un impact significatif sur le résultat final de la négociation. C'est pour cette raison qu'il est important de les connaitre et de prendre les mesures nécessaires pour les éviter afin de faciliter la réussite d'une négociation.

Cela peut inclure des techniques que l'écoute active, la clarification des informations, la transparence et la gestion des émotions. Le développement de compétences générales autour de l'interprétation des comportements et des réactions et, de façon générale, de la communication non verbale sont des aspects importants à considérer pour lors de toute négociation. Il faut avoir connaissance également des situations à éviter: ces éléments vous ont été fournis dans ce chapitre.

Chapitre 3.3 : Erreurs spécifiques au processus de négociation

En complément des deux types d'erreurs évoquées précédemment, voici certaines des erreurs spécifiques au processus de négociation sur lesquels vous devez redoubler de vigilance pour maximiser vos chances de succès :

✓ **Ne faites jamais de « négociations internes »** entre les membres de votre équipe **pendant le processus de négociation** avec la partie adverse. Si des questions ne sont pas claires ou si vous avez des désaccords avec vos collègues, il est préférable de faire une pause pour éclaircir le sujet entre vous uniquement.

✓ Essayez d'éviter les situations où les modalités de mise en œuvre des décisions prises lors du processus de négociation restent floues. Toujours s'efforcer **d'élaborer des propositions claires et complètes** pour résoudre les problèmes qui sont à l'ordre du jour.

✓ Si vous allez négocier dans le cadre d'un groupe ou délégation, **ne permettez pas aux personnes incompétentes** ou qui n'ont pas un niveau de professionnalisme suffisant **de participer aux négociations** avec vous. Cela pourrait vous mettre (vous ou votre organisation) dans une situation difficile.

✓ **Réfléchissez bien à la composition de votre équipe de négociation.** Un grand nombre de personnes nuit à l'efficacité du processus de négociation. Recherchez la possibilité de faire participer le moins de personnes possible pour les négociations qui permettra d'assurer un processus de négociation productif et efficace.

✓ **Ne sous-estimez pas l'importance de l'étiquette ainsi que les caractéristiques liées à la culture locale** ou d'origine de toutes les parties impliquées dans les négociations. Une attention particulière à ces détails évitera de nombreuses autres erreurs, ainsi que des situations embarrassantes.

Maîtriser les compétences de négociation et étudier les erreurs qui y sont commises permet à toute personne qui s'efforce de réussir dans les affaires, de prendre conscience de l'impact de la communication dans notre quotidien afin de l'améliorer, et pouvoir ainsi optimiser les chances d'atteindre les objectifs établis. Cela contribuera également à la résolution de problèmes ainsi qu'au développement d'un point de vue professionnel mais également personnel.

En résumé...

Ce dernier chapitre comprend les erreurs spécifiques liées au processus de négociation en soi. Au delà de la préparation et des erreurs communes à éviter, il existe également d'autres points non moins importants à prendre en compte comme par exemple celui de ne jamais entamer des discussions de négociation interne lorsque vous êtes en négociation avec la partie adverse ou celui de bien réfléchir à la composition de l' équipe qui sera présente lors de la négociation.

CONCLUSIONS

En conclusion, la négociation est une compétence essentielle dans la vie professionnelle et personnelle. Ce livre sur l'art de la négociation a exploré les différentes étapes d'une négociation réussie, en commençant par la préparation et l'analyse des intérêts et des enjeux des parties prenantes, jusqu'à la conclusion de l'accord et la gestion des relations à long terme. En suivant les conseils et les techniques présentés dans ce livre, vous pourrez améliorer votre capacité à obtenir des résultats satisfaisants pour toutes les parties impliquées, à maintenir des relations durables et à éviter les impasses ou les conflits inutiles.

Au cours de la Partie 1, nous avons exploré la définition et les différentes caractéristiques de la négociation. Comprendre les différentes étapes du processus de négociation est essentiel pour être un négociateur efficace et atteindre ses objectifs. En comprenant ces différentes étapes, vous pourrez vous préparer à mieux gérer les défis qui se présentent au cours de la négociation. Vous pouvez également être en mesure d'identifier les opportunités qui peuvent être exploitées pour atteindre vos objectifs, tout en préservant des relations positives avec les autres parties impliquées dans la négociation.

Puis, au cours de la Partie 2, nous avons abordé les plus grands secrets d'une bonne négociation qui passent par la maitrise des étapes clés du processus, le choix de la stratégie et des techniques de négociation, la gestion des objections et la manière d'affronter les négociations difficiles. En maitrisant ces étapes clés, vous pourrez planifier leur approche de manière efficace, clarifier leurs positions et intérêts, trouver un terrain d'entente afin de parvenir à des accords mutuellement bénéfiques et résoudre les conflits. Il est important de retenir que la gestion des objections est importante pour parvenir à une négociation réussie et que vous devez être prêt à y répondre, en trouvant des solutions créatives pour surmonter les obstacles tout en gardant votre calme et votre sang-froid. Aussi, il existe souvent différents niveaux de pouvoir entre les parties prenantes. Vous devez être conscients de l'impact de ce déséquilibre de pouvoir et être capable de naviguer dans cette dynamique pour parvenir à un accord équitable. Finalement, la recherche de compromis est également clé et il faut être prêt à faire des concessions.

Enfin, au cours de la Partie 3, nous avons évoqué les différents types d'erreurs de négociation qui peuvent survenir et comment les éviter pour réussir sa négociation. Les erreurs de négociation peuvent prendre de nombreuses formes, allant de l'absence de préparation adéquate aux erreurs de communication, en passant par des choix de stratégies de négociation inappropriées. Pour éviter ces erreurs, vous devez être en mesure de les comprendre, d'identifier les signes avant-coureurs et de prendre les mesures nécessaires pour les éviter. Cela implique une préparation adéquate, une communication claire et efficace, une compréhension des intérêts et des besoins de toutes les parties impliquées et une capacité à ajuster sa stratégie de négociation en fonction des circonstances. En évitant ces erreurs de négociation, vous pourrez améliorer vos résultats de négociation et éviter des pertes de gains significatives ainsi qu'améliorer votre réputation de négociateur efficace et fiable, ce qui peut ouvrir de nouvelles opportunités de négociation dans le futur.

En fin de compte, la négociation est un art. En utilisant des techniques éprouvées et en ayant une compréhension approfondie des enjeux et des besoins des parties concernées, il est possible d'aboutir à des accords satisfaisants qui bénéficient à toutes les parties impliquées. De plus, il est important de créer et développer une relation de confiance avec les parties prenantes. En effet, un des enseignements importants que j'ai tiré de mes années d'expérience dans ce domaine est que la négociation est un processus continu qui nécessite une communication régulière et une préparation minutieuse pour garantir des relations de confiance sur le long terme. En effet, même après avoir conclu un accord, il est important de maintenir une relation de suivi avec la partie opposée pour s'assurer que les besoins sont satisfaits et que les relations sont maintenues.

Je vous invite à suivre tous les conseils que je vous ai partagé pour maitriser l'art de la négociation. La maîtrise de cet art est un investissement rentable pour toute personne cherchant à atteindre ses objectifs dans un monde complexe et compétitif. Encore une fois, la négociation requiert beaucoup de pratique pour dominer ses différents aspects.

Je finirai donc par cette citation de John Fitzgerald Kennedy « Ne négocions jamais avec nos peurs. Mais n'ayons jamais peur de négocier ». Alors n'ayez pas peur, allez-y et croyez en vous !

REMERCIEMENTS

Je tiens à remercier tous ceux qui ont contribué à la réalisation de ce livre. Mes plus sincères remerciements vont à Greg pour son soutien et ses précieux commentaires tout au long du processus d'écriture. Merci également à mes amis et ma famille pour leurs encouragements constants.

Par ailleurs, je voudrais exprimer ma reconnaissance à tous les négociateurs professionnels qui ont croisé mon chemin et qui m'ont challengé pendant toutes ces années. Nos échanges ont contribué à illustrer beaucoup d'exemples de ce livre.

Enfin, je tiens à vous exprimer ma profonde gratitude pour avoir choisi de lire ce livre sur la négociation. J'espère sincèrement que vous y avez trouvé des informations utiles et que vous avez appris des stratégies et des tactiques qui vous aideront à réussir dans vos négociations futures.